초등학생을 위한 개념 국어 고사성어

어휘력 쑥쑥!

국어 점수가 올라가는 탐구활동 교과서

읽기 · 쓰기 · 창의력 · 상상력 · 문제해결력 · 논리적 사고 · 자기표현력

최지희 지음 | 김도연 그림

바이킹

이 책을 읽는 여러분께

고사성어를 알면
세상을 더 잘 이해할 수 있어요!

'전화위복', '칠전팔기', '오리무중'….

이런 고사성어를 어디선가 듣거나 본 적이 있지요? 아마도 어른들의 말에서, 신문 기사에서, 또는 수많은 TV 프로그램의 자막에서 본 적이 있을 거예요. 책에서도 종종 보았을 겁니다. 그만큼 고사성어는 우리 사회에서 흔하게 사용되는 말이랍니다. 얼마나 흔한지 한 번 볼까요?

인터넷 검색창에 고사성어 하나를 써 보세요. 고사성어의 사전적인 뜻 이외에도 고사성어를 활용한 각종 뉴스의 제목이나 SNS의 글 제목까지 쭉 나올 거예요. '고사성어가 이렇게나 많이 쓰이고 있다고?' 하며 놀랄 수도 있어요.

텔레비전을 볼 때 자막을 유심히 보세요. 고사성어가 심심찮게 등장한다는 사실을 알게 될 거예요. 다큐멘터리뿐 아니라 예능 프로그램에서도 많이 사용된답니다. 왜 그렇게 많이 고사성어를 사용할까요?

바로 고사성어가 가진 뜻 때문이에요. 어떤 상황을 설명하려면 이야기가 길어지는데, 고사성어를 사용하면 몇 글자만으로도 그 뜻을 전달할 수 있으니 얼마나 편하겠어요?

《초등학생을 위한 개념 국어 : 고사성어》는 여러분이 고사성어가 가진 뜻을 정확히 알고 바르게 쓸 수 있도록 돕기 위해 만들어졌어요. 여기에는 많이 쓰이는 고사성어 150개를 수록했답니다.

고사성어는 대부분 옛 중국과 우리나라에 전해 오는 전설이나 역사, 고전 등에서 유래한 말이에요. 한자로 기록되어 있다 보니, 말 자체가 낯설고 어색하게 느껴지기도 합니다. 이 책에서는 고사

성어를 친숙하게 느낄 수 있도록 고사성어가 어떻게 생겨났는지, 그리고 우리 삶 속에서 그 말이 어떻게 쓰이고 있는지를 밝혔어요. 여러분은 유래를 통해 고사성어가 품은 뜻을 자연스레 알게 될 거예요.

고사성어를 처음 들었을 때는 어려운 말 같지만, 그 유래나 실제 쓰임을 알게 되면 쉽게 이해할 수 있어요. 친구들이 좋아하는 전래 동화, 이솝 우화, 우리 역사 속 이야기에 나오는 고사성어도 담아냈어요. 우리가 알고 있는 이야기가 어떤 고사성어와 연결되는지 궁금하지요?

이 책을 통해 고사성어를 차근차근 익혀 나간다면, 어려워만 보이는 신문 기사도 이해할 수 있고, 고사성어로 표현하고자 하는 말도 쉽게 할 수 있을 거예요. 또한, 수많은 책에 나오는 고사성어도 한눈에 알아볼 수 있을 거예요.

자, 이제 고사성어의 세계에 빠져들 준비가 되었나요? 이 책에 흥미를 느끼고 집중해서 읽는다면, 여러분의 어휘력이 엄청나게 늘어날 거예요. 그건 정말 '명약관화'한 일이랍니다. 재밌는 책도 읽고, 어휘 실력도 쌓고 '금상첨화'이지요? 이제 여러분의 어휘력이 '파죽지세'로 늘어날 일만 남았군요! 무슨 말인지 모르겠다고요? 그럼 다음 책장을 빨리 열어 보세요.

최지희

차례

이 책을 읽는 여러분께
고사성어를 알면 세상을 더 잘 이해할 수 있어요! **2**

이 책을 활용하는 법 **8**
분야별 아이콘 **9**

군계일학

군계일학 **12**	남가일몽 **17**	정저지와 **28**
동고동락 **13**	와신상담 **18**	풍전등화 **29**
사필귀정 **14**	노심초사 **19**	백년대계 **30**
문일지십 **15**	명경지수 **20**	비분강개 **31**
자화자찬 **16**	호연지기 **21**	촌철살인 **32**
	내우외환 **22**	언어도단 **33**
	일일여삼추 **23**	형설지공 **34**
	권모술수 **24**	불요불굴 **35**
	반포지효 **25**	가정맹어호 **36**
	타산지석 **26**	
	당랑거철 **27**	고사성어 따라 쓰기 **37**

심사숙고

심사숙고 40	집소성대 51	
어부지리 41	동병상련 52	
난형난제 42	은인자중 53	
분골쇄신 43	각골난망 54	
의기양양 44	백면서생 55	
가화만사성 45	갑론을박 56	
부화뇌동 46	대경실색 57	개과천선 62
칠전팔기 47	허장성세 58	십시일반 63
마이동풍 48	오매불망 59	죽마고우 64
유유상종 49	초지일관 60	
동분서주 50	토적성산 61	고사성어 따라 쓰기 65

대기만성

대기만성 68	무소불위 79	상부상조 90
청천벽력 69	명약관화 80	격세지감 91
선견지명 70	우공이산 81	유구무언 92
망양보뢰 71	순망치한 82	
신출귀몰 72	학수고대 83	고사성어 따라 쓰기 93
공명정 73	측은지심 84	
인면수심 74	동문서답 85	
불원천리 75	명불허전 86	
일장춘몽 76	권토중래 87	
온고지신 77	파란만장 88	
관포지교 78	후안무치 89	

지성감천

지성감천 96	교언영색 107	막역지우 118
만사형통 97	호시탐탐 108	절차탁마 119
동상이몽 98	결자해지 109	견원지간 120
인과응보 99	전전긍긍 110	
임전무퇴 100	일치단결 111	고사성어 따라 쓰기 121
난공불락 101	표리부동 112	
수수방관 102	설상가상 113	
오리무중 103	엄동설한 114	
구사일생 104	호사다마 115	
어불성설 105	견물생심 116	
낭중지추 106	백발백중 117	

필사즉생

필사즉생 124	마부작침 129	독불장군 140
일편단심 125	유비무환 130	함흥차사 141
백척간두 126	안분지족 131	속수무책 142
아전인수 127	언중유골 132	자포자기 143
자격지심 128	주객전도 133	역지사지 144
	천인공노 134	견위수명 145
	무위도식 135	소탐대실 146
	임기응변 136	점입가경 147
	경천동지 137	후회막급 148
	천신만고 138	
	고진감래 139	고사성어 따라 쓰기 149

이심전심

이심전심 152	파죽지세 163	살신성인 174
진퇴양난 153	과유불급 164	금상첨화 175
청렴결백 154	경거망동 165	지피지기 176
전화위복 155	목불식정 166	
백미 156	사면초가 167	고사성어 따라 쓰기 177
문전성시 157	유명무실 168	
안하무인 158	권선징악 169	
생면부지 159	노익장 170	
야단법석 160	일언지하 171	
결초보은 161	적반하장 172	
자승자박 162	모순 173	

도움받은 자료들 179

일러두기

1. 〈국어〉, 〈국어 활동〉, 〈사회〉, 〈도덕〉 교과서를 공부할 때 도움되는 고사성어를 우선 가려 뽑았습니다.
2. 주제마다 연계한 단원명은 2015년에 개정된 교육 과정을 반영했습니다.

이 책을 활용하는 법

분야별 아이콘
고사성어로 배울 수 있는 '지켜야 할 도리', '인간관계', '삶의 지혜' 등의 주제를 골고루 다루어 표시했습니다.

단원 연계
주제마다 초등학교 교육 과정의 연계 단원을 적어 추가 학습을 할 수 있도록 도왔습니다.

비슷한말 / 반대말
비슷하거나 반대의 의미를 지닌 고사성어, 속담을 적었어요. 관련 있는 다양한 고사성어와 속담을 익힐 수 있습니다.

생각해 보자!
고사성어를 자신의 상황에 빗대어 깊이 이해하고 그 의미를 되새겨 볼 수 있어요.

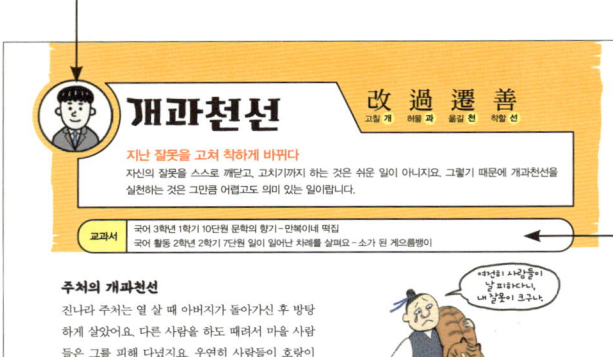

돋보기
주제와 관련해 추가로 알아 두면 좋을 상식을 소개했습니다. 친구와 선생님에게 지식을 뽐낼 수 있어요.

고사성어 따라 쓰기
고사성어의 의미를 다시 떠올리면서 한 글자씩 따라 써 보세요. 고사성어를 이루는 글자를 하나씩 적다 보면 그 의미가 머릿속에 쏙쏙 잘 기억될 거예요.

분야별 아이콘

고난과 역경
누구나 살면서 헤쳐 나가기 힘든 어려운 일을 겪기 마련입니다. 그럴 때 필요한 건 무엇일까요? 역사 속 인물들은 어떻게 고난과 역경을 헤쳐나갔는지 함께 알아봅니다.

지켜야 할 도리
사람이라면 마땅히 따라야 할 바른길이 바로 도리입니다. 사랑으로 자식을 키워준 부모님에게 효도하고, 불의를 보고 지나치지 않는 것 역시 도리라 할 수 있습니다. 우리가 지켜야 할 도리가 어떤 것인지 생각해 볼까요?

인간관계
세상은 넓고 다양한 사람이 존재합니다. 주위를 둘러보세요. 이웃, 친구, 선생님과 만나며 여러 관계를 맺고 있을 거예요. 다른 사람과 좋은 관계를 유지하는 방법을 알아보세요.

의지와 결심
꼭 지키고 싶은 이념이나 가치관이 있나요? 다른 사람의 방해나 위협에도 굴하지 않고 나만의 생각이나 태도를 지키는 마음이 바로 의지와 결심입니다. 어떤 결심을 품고 살면 좋을지 함께 찾아봅니다.

세상의 이치
세상에는 변하지 않는 법칙이 있어요. 오랜 시간 꾸준히 노력한 사람은 꼭 원하는 바를 이룰 수 있다는 게 바로 세상의 이치겠지요? 세상의 다양한 이치를 담은 이야기를 읽어 보세요.

이기적인 마음
이기적으로 행동하거나 앞과 뒤가 다른 친구를 보면 어떤 기분이 드나요? 당장 눈앞의 이익은 얻을지 몰라도, 나중에는 후회할 거예요. 이기적인 마음으로 행동하면 어떤 결말을 맞이하는지 함께 살펴봅니다.

어리석은 행동
열등감에 빠지거나 심한 욕심을 부리면, 어리석은 행동을 하게 됩니다. 다른 사람에게 피해를 주거나 자기 꾀에 자기가 넘어가는 일이 벌어지지요. 어리석은 행동을 어떻게 피해야 할지 배워 볼까요?

다양한 경험
사람은 인생을 살면서 다양한 경험을 통해 성장합니다. 좋은 경험은 귀중한 보물이 되지만, 나쁜 경험은 떠올리기도 싫은 상처가 되지요. 어떤 경험을 한 사람들이 있는지 만나 볼까요?

재능과 노력
아인슈타인은 "천재는 일 퍼센트의 재능과 구십구 퍼센트의 노력으로 만들어진다."라고 말했어요. 재능이 있어도 무언가를 이루기 위해서는 끊임없이 노력해야 한다는 뜻이지요. 이런 꾸준한 노력으로 성공한 사람들을 알아봅니다.

삶의 지혜
곤란한 상황이나 위기에서 슬기롭게 벗어나기 위해 생각을 잘해야 할 때가 있어요. 그럴 때 필요한 게 바로 삶의 지혜입니다. 언제 다가올지 모를 위기에 대비해 미리 삶의 지혜를 익혀 둘까요?

군계일학

"평범한 사람들 사이에서 눈에 띄는 인물"

닭이 모여 있는 곳에 고고한 학이 한 마리 있다면 눈에 띄겠죠? 이렇게 많은 사람 가운데 가장 뛰어나 돋보이는 한 사람을 이르는 말이에요.

군계일학

群鷄一鶴
무리 군 · 닭 계 · 한 일 · 학 학

평범한 사람들 사이에서 눈에 띄는 인물

닭이 모여 있는 곳에 고고한 학이 한 마리 있다면 눈에 띄겠죠? 이렇게 많은 사람 가운데 가장 뛰어나 돋보이는 한 사람을 이르는 말이에요.

| 교과서 | 사회 5학년 2학기 1단원 옛사람들의 삶과 문화 – 나라의 등장과 발전 |

무리에서 눈에 띄는 한 사람

중국 위진 남북조 시대에 대나무 숲에 모여 정치와 사상을 주제로 토론을 벌이던 일곱 명의 선비가 있었어요. 그들은 죽림칠현(竹林七賢)이라 불렸답니다. 그중 혜강이라는 인물이 어느 날 억울하게 누명을 쓰고 죽고 말았지요. 혜강에게는 아버지를 닮아 총명한 아들 혜소가 있었답니다. 이를 눈여겨본 혜강의 친구가 혜소를 황제에게 추천했어요. 혜소는 벼슬에 오르게 되었고, 사람들은 "혜소의 기개와 혈기가 닭 무리 속에 있는 한 마리 학과 같다."라고 말했답니다.

주몽 신화

동부여의 금와왕이 우연히 아름다운 여인을 만났어요. 여인은 자신이 물의 신 하백의 딸이며, 하늘의 아들 해모수의 아내 유화라고 했죠. 금와왕은 여인을 궁으로 데려왔어요. 이후 유화의 배가 불러오더니, 큰 알을 낳았어요. 그 알에서 남자아이가 태어났답니다. 아이는 활을 잘 쏘아 '활 잘 쏘는 사람'이라는 뜻의 이름인 주몽으로 불렸어요. 주몽은 금와왕의 일곱 왕자와 같이 놀았는데 모든 분야에서 그야말로 군계일학이었어요. 그 때문에 시기를 받게 된 주몽은 동부여를 떠나 고구려를 세웠답니다.

비슷한말

발군 拔群
여럿 가운데에서 특별히 뛰어나다는 뜻.

백미 白眉
여럿 가운데에서 가장 뛰어난 것을 가리키는 말.

반대말

장삼이사 張三李四
장 씨의 셋째 아들과 이 씨의 넷째 아들이란 뜻으로, 특별하지 않은 평범한 사람들을 말함.

생각해 보자!

여러분이 친구들보다 특별히 잘하는 것은 무엇인가요? 나만의 장점을 찾아 그 분야에서 군계일학이 되어 봅시다.

 예로부터 중국에서는 학을 신선과 같은 새라 하여 선금(仙禽)이라 불렀어요. 학의 고귀한 자태와 하늘을 나는 모습, 그리고 청청한 울음소리 때문이었죠. 혜소가 얼마나 뛰어난 인물이었는지 상상이 되지요?

동고동락

同 苦 同 樂
함께 **동** 괴로울 **고** 함께 **동** 즐거울 **락**

괴로움과 즐거움을 함께한다

'슬픔은 나누면 반이 되고, 기쁨은 나누면 배가 된다.'라는 말이 있지요? 함께 사는 세상에서 슬플 때 위로하고, 기쁠 때 축하하는 건 필요한 일이에요. 괴로움도, 즐거움도 함께 나누는 것이 동고동락입니다.

교과서 사회 6학년 1학기 1단원 사회의 새로운 변화와 오늘날의 우리 – 일제의 침략과 광복을 위한 노력

한인 애국단

대한민국 임시 정부가 이끌던 독립운동은 일본의 탄압으로 어려움에 빠졌어요. 그래서 김구 선생과 뜻을 함께하는 사람들이 1931년에 한인 애국단을 조직했답니다. 이들은 중국 상하이에서 동고동락하면서 빼앗긴 나라를 되찾기 위해 노력했습니다. 한인 애국단은 일본의 주요 인물을 암살하기 위해 목숨을 걸고 나섰어요. 김구 선생은 이 활동을 '한 사람이 죽어야만 다른 사람이 사는 일'이라고 했습니다.

소금 나오는 맷돌

옛날에 가난한 농부가 살았어요. 농부는 착해서 마을 사람들과 나누며 동고동락했답니다. 어느 날 농부는 쓰러진 노인을 발견해 지극히 보살폈어요. 노인은 깨어난 후 고맙다며 맷돌 하나를 주었어요. 농부가 문득 배가 고파 맷돌을 돌리며 "쌀이 나오면 좋겠다."라고 했더니 맷돌에서 쌀이 나왔어요. 농부는 맷돌을 돌려 나온 떡이나 옷 등을 마을 사람들과 나눴답니다. 그 모습을 이웃 노인이 보고 맷돌을 훔쳐서 바다로 도망갔어요. 배에 탄 노인은 비싼 소금을 많이 갖고 싶어서 맷돌을 계속 돌렸고, 소금은 멈추지 않고 나왔어요. 그러다 결국 배가 소금의 무게를 버티지 못해 바다에 가라앉아 버렸답니다.

비슷한말

백년고락 百年苦樂
긴 세월 동안 괴로움과 즐거움을 함께함.

생각해 보자!

여러분이 매일 함께 동고동락하는 사람들은 누구인가요? 기쁜 일과 슬픈 일을 함께 나누는 사람들을 생각해 봅시다.

 한인 애국단은 우리나라의 독립을 위해 목숨을 걸고 활동했어요. 한인 애국단에는 우리나라 사람을 괴롭히는 일본의 주요 인물들을 제거하기 위해 힘쓰다 처형당한 이봉창과 윤봉길이 있었습니다.

사필귀정

事必歸正
일 **사** 반드시 **필** 돌아갈 **귀** 바를 **정**

무슨 일이든 결국 옳은 이치대로 돌아간다

옳지 못한 일이 승리하고, 정의롭지 못한 사람이 승승장구하는 것은 아주 잠깐 가능할지 몰라요. 하지만 모든 일은 결국 옳은 길로 돌아간답니다.

교과서 국어 4학년 1학기(가) 2단원 내용을 간추려요 – 나무 그늘을 산 총각

안창호의 신념

"진실은 반드시 따르는 자가 있고, 정의는 반드시 이루어지는 날이 있다."

독립운동에 평생을 바친 도산 안창호의 말이에요. 안창호는 미국에서 한인들의 생활과 교육을 돕는 흥사단을 창설했고, 1919년 3·1운동 직후 상하이 임시 정부에서 우리나라의 독립을 위해 애썼어요. 안창호는 정의는 반드시 이루어진다는 신념으로 우리 민족을 말살하려는 일제에 맞서 독립운동을 펼쳤어요. 살아생전 독립을 보지 못하고 세상을 떠났지만, 그의 바람대로 우리나라의 독립은 이루어졌답니다.

나무 그늘을 산 총각

어느 총각이 나무 그늘에 누워 잠이 들었는데, 부자 영감이 총각을 깨우며 왜 자기의 나무 그늘에서 자느냐고 몰아세웠어요. 총각은 그늘을 열 냥에 사겠다고 했고, 부자는 신이 나서 돈을 받고 돌아갔어요. 시간이 지나고 해가 기울어 나무 그늘이 부자 영감의 집 쪽으로 향하자, 총각은 영감의 집으로 들어가 자기 그늘을 찾으러 왔다며 큰소리쳤어요. 총각은 마을 사람들도 데리고 가 그늘에서 놀았지요. 결국 부자 영감은 떠났고, 나무 그늘과 기와집은 동네 쉼터가 되었답니다. 사필귀정이지요.

비슷한말

인과응보 因果應報
원인과 결과는 서로 물고 물린다.

종두득두 種豆得豆
콩을 심으면 반드시 콩이 나온다.

생각해 보자!

옳지 못한 일을 옳게 바로잡아 본 적 있나요? 어떤 상황이었는지 떠올려 보세요.

 서울특별시 강남구 신사동에는 도산 안창호의 애국정신과 교육 정신을 기리고자 조성한 도산 공원이 있어요. 안창호 선생 부부의 묘소와 기념관 등이 있지요.

문일지십

聞 一 知 十
들을 문 · 한 일 · 알 지 · 열 십

하나를 들으면 열을 안다

'하나를 가르치면 열을 안다.'라는 말을 들어 본 적 있나요? 하나만 가르쳐도 혼자 열을 생각해서 알 수 있을 만큼, 머리가 좋고 총명함을 뜻하는 말이에요.

교과서 국어 6학년 1학기(가) 5단원 속담을 활용해요 – 하나를 들으면 열을 안다

공자의 두 제자

공자에게는 아끼는 두 제자 자공과 안회가 있었어요. 그중 자공은 재산을 모으는 데 재주가 있어 공자의 활동에 필요한 비용을 해결했어요. 하지만 자공은 자만심도 강해 공자의 걱정을 사기도 했답니다. 하루는 공자가 자공의 자만심을 확인하려고 "너와 안회를 비교하면 누가 더 총명하겠냐?"라고 물었어요. 그러자 자공이 말했어요. "제가 어찌 회를 넘볼 수 있겠습니까. 회는 하나를 듣고도 열을 알지만 저는 하나를 들으면 겨우 둘 정도 알 수 있을 뿐입니다." 문일지십이란 말은 여기서 유래했어요.

율곡 이이 이야기

율곡 이이는 어릴 적부터 총명함이 남달라 문일지십이었어요. 세 살에 말은 물론이요, 글도 읽을 수 있었지요. 붉은 석류 열매를 보고 "부서진 빨간 구슬을 껍질이 싸고 있다."라며 옛 시에 나오는 말을 인용해 말할 정도였어요. 여섯 살에 타지에 있는 어머니를 향한 애절한 마음을 담아 시를 쓰기도 했지요. 열세 살에는 과거에 응시해 진사에 뽑혔고, 계속 학문에 최선을 다해 스물한 살에 과거에 또 급제했어요. 그 후로도 율곡은 과거에 응시해 총 아홉 번이나 장원을 차지했답니다.

반대말

우이독경 牛耳讀經

'쇠귀에 경 읽기'라는 뜻으로, 우둔한 사람은 아무리 가르치고 일러 주어도 알아듣지 못함을 비유하여 이르는 말.

생각해 보자!

주변에 하나를 들으면 열을 아는 똑똑한 친구가 있나요? 누구인지 떠올려 봅시다.

 신사임당은 율곡 이이를 키워 낸 어머니이자 시와 산문, 그림에 능한 분이었어요. 일곱 살 때는 화가 못지않게 그림을 잘 그려 사람들의 감탄을 자아냈답니다. 신사임당도 율곡 이이처럼 어려서부터 총명함이 남달랐던 거예요.

자화자찬

自畵自讚
스스로 자 · 그림 화 · 스스로 자 · 기릴 찬

자기가 한 일을 스스로 칭찬한다

자기가 한 일을 남들에게 자랑스럽게 이야기하고 싶을 때가 있지요. 그렇게 자기가 한 일을 스스로 자랑하는 모습을 자화자찬이라고 해요.

| 교과서 | 국어 3학년 1학기(나) 8단원 의견이 있어요 – 아씨방과 일곱 동무 |

자화상에 더해진 찬

옛날에 돌아가신 이순신 장군이나 세종 대왕의 얼굴을 어떻게 알 수 있는 걸까요? 바로 초상화 덕분이에요. 화공이 인물의 모습을 세밀하게 묘사해 그린 그림을 초상화라고 하지요. 자신이 직접 그린 초상화는 자화상이라고 해요. 옛날에는 화공이 그림을 그린 뒤에, 여백에 '인물을 기리는 글'(찬讚)을 적는 경우가 많았어요. 자화상에 스스로 기리는 글을 쓰는 걸 자화자찬이라고 하지요. 오늘날에는 자기가 한 일을 스스로 자랑한다는 뜻으로 쓰인답니다.

규중칠우쟁론기

바느질을 하던 부인이 깜박 잠들었어요. 그 사이 바느질에 필요한 일곱 도구가 모두 자기 자랑을 했어요. 자가 "내가 없으면 누가 옷감의 길이를 재겠어!"라며 뽐내자 그에 질세라 가위는 옷감 자르는 일을, 바늘은 꿰맬 수 있는 능력을 자랑했지요. 실은 자기 없이 어떻게 꿰매느냐고 했고, 골무는 부인의 손을 자신이 지킨다며 나섰지요. 인두와 다리미도 자기들이 없으면 구겨진 곳을 펴서 고운 옷을 만들 수 없다고 했어요. 저마다 자화자찬하느라 바빴답니다. 소리를 듣고 깨어난 부인은 자신이 없으면 아무도 바느질을 할 수 없다고 말하고 다시 잠들었어요.

반대말

자격지심 自激之心
자기가 한 일에 대하여 스스로 미흡하게 여기는 마음.

생각해 보자!

누군가에게 자화자찬을 해 본 적 있나요? 다른 사람의 자화자찬을 들으면 기분이 어떤가요? 생각해 봅시다.

 《규중칠우쟁론기》는 바느질을 하면서 사용하는 도구를 마치 사람처럼 설정한 '가전체' 소설로 유명한 작품이에요. 가전체란 사물을 사람처럼 의인화한 작품을 말한답니다.

남가일몽

南 柯 一 夢
남녘 **남** 가지 **가** 한 **일** 꿈 **몽**

꿈처럼 헛된 한때의 부귀영화

꿈속에서는 어떤 일이든지 가능하지요. 아이돌 가수가 될 수도 있고, 대통령이 될 수도 있어요. 하지만 그저 꿈일 뿐이에요. 꿈처럼 헛된 한때의 부귀영화를 가리켜 남가일몽이라고 해요.

교과서 국어 6학년 1학기(가) 5단원 속담을 활용해요 - 속담 하나 이야기 하나

꿈에서 누린 부귀영화

중국 당나라에 한량처럼 사는 순우분이란 사람이 있었어요. 어느 날 느티나무 아래에서 잠이 들었는데, 사람들이 나타나 괴안국으로 모시겠다고 했어요. 순우분이 그들을 따라 나무 밑의 큰 구멍으로 들어가자, 왕이 나와 맞이했어요. 그곳에서 순우분은 왕의 사위가 되고 부귀영화를 누렸답니다. 그러다 전쟁에서 패배하고 아내의 죽음을 맞았어요. 그러자 왕은 순우분에게 고향으로 돌아가라 말했지요. 그 순간, 순우분은 잠에서 깨어났고 그동안의 일이 꿈이었음을 깨달았습니다. 꿈처럼 헛된 한때의 부귀영화를 남가일몽이라 해요.

독장수의 꿈

독장수가 힘들어서 나무 그늘에서 쉬고 있었어요. 독이 있는 지게를 막대로 받치고, 그 옆에 누워 상상을 했지요. '독 하나를 팔아서 두 개를 사고 또 두 개를 팔아서 네 개를 사고, 그렇게 팔아 번 돈으로 논밭을 사야지! 고래 등 같은 집도 짓고 예쁜 색시에게 장가도 가야겠다.' 그런 생각을 하니 신이 나 춤이 절로 나왔어요. 그러다 그만 팔로 지게를 치는 바람에 지게가 쓰러져 독이 와장창 깨지고 말았어요. 독장수의 남가일몽도 함께 깨졌답니다.

모든 게 꿈이었다니….

비슷한말

일장춘몽 一場春夢
꿈처럼 덧없이 사라지는 것을 비유하는 말로 한낱 꿈, 부질없는 일, 쓸모없는 생각 등을 가리킴.

생각해 보자!

실제로 이루어질 수 없는 꿈을 꾸어 본 적 있나요? 꿈을 현실로 만들려면 어떻게 해야 하는지 생각해 봅시다.

 고추장이나 간장, 물 등을 담아 두는 큰 그릇을 독이라고 해요. 소금이나 김치를 담아 두는 데도 쓰여요. 김치가 든 독은 땅속에 묻고, 간장이나 된장이 든 독은 햇볕이 잘 드는 마당에 놓지요.

와신상담

臥 薪 嘗 膽
엎드릴 **와** 섶나무 **신** 맛볼 **상** 쓸개 **담**

어떤 고난도 참고 견디며 심신을 단련하다

여러분은 가시가 많아 거친 나무 위에서 잠을 잘 수 있나요? 쓰디쓴 쓸개를 먹을 수 있나요? 와신상담은 자신의 목표를 이루기 위해서, 그 어떤 고난도 참고 견디며 심신을 단련하는 것을 뜻하는 말이에요.

교과서 사회 5학년 2학기 2단원 사회의 새로운 변화와 오늘날의 우리 – 일제의 침략과 광복을 위한 노력

복수를 향한 의지

오나라와 월나라는 앙숙이었어요. 오나라 왕이 월나라를 공격했는데 오히려 월나라 왕 구천에게 패해 목숨을 잃게 되었답니다. 오나라 왕은 아들 부차에게 원수를 갚아 달라 했어요. 부차는 가시 많은 나무를 깔고 자며 복수를 다짐했지요. 그러다 월나라가 오나라를 공격했어요. 부차는 크게 이겼고, 이번에는 구천이 쓸개를 먹으며 복수를 다짐했습니다. 다시 오나라를 공격한 구천은 결국 부차를 굴복시켰어요. 두 사람의 모습에서 와신상담이 유래했답니다.

셰익스피어의 《햄릿》

햄릿은 아버지가 갑자기 돌아가신 후 왕위를 물려받은 숙부가 어머니와 결혼하는 혼란을 겪었어요. 어느 날 아버지의 유령이 나타나 숙부에게 독살당했다며 복수를 명했지요. 햄릿은 진실을 밝히기 위해 미친 사람 행세를 하며 사랑하는 오필리아와 헤어지는 등 와신상담했어요. 햄릿은 숙부 앞에서 국왕 독살을 주제로 연극을 했고, 아버지 말이 진실임을 알고 숙부를 죽이려 했지요. 그러다 실수로 오필리아의 아버지를 죽였고, 오필리아의 오빠와 햄릿은 검술 시합을 펼치게 되었어요. 독을 바른 칼에 맞은 햄릿은 죽기 전에 숙부를 칼로 찔러 복수에 성공합니다.

비슷한말

절치부심 切齒腐心
몹시 분하여 이를 갈며 속을 썩임.

생각해 보자!

무언가를 이루기 위해 참고 견뎌 본 경험이 있나요? 이루어 냈을 때의 기분이 어땠는지 생각해 봅시다.

 《햄릿》은 영국의 극작가 셰익스피어가 1601년쯤에 쓴 희곡이에요. 셰익스피어의 또 다른 작품 《오셀로》, 《리어왕》, 《맥베스》와 더불어 4대 비극으로 손꼽힌답니다.

노심초사

勞心焦思
힘쓸 **노** 마음 **심** 그을릴 **초** 생각 **사**

마음을 쓰고 생각이 많아 속이 탄다

해결하기 어려운 고민이 있을 때 기분이 어떤가요? 어떤 일 때문에 걱정이 되고 신경이 쓰여 불안한 상태를 노심초사라고 해요.

교과서 사회 6학년 1학기 1단원 사회의 새로운 변화와 오늘날의 우리 – 일제의 침략과 광복을 위한 노력

노심초사한 13년

"'우'는 선친 '곤'이 공을 이루지 못하고 죽은 것이 마음 아파 노심초사하면서 13년을 밖에서 지냈다."

사마천이 쓴 《사기(史記)》의 일부분입니다. '우'는 성인으로 칭송받는 군주예요. 우의 아버지는 수해가 났을 때 대처에 실패해서 죽임을 당했어요. 우는 아버지의 죽음을 되새기며 13년 동안 집에 절대 들어가지 않았어요. 매일 노심초사하면서 수해의 해결책을 찾는 데만 몰두해 결국 찾아냈지요. 우는 백성을 생각하는 훌륭한 군주가 되었답니다.

어머니의 노심초사

우산을 파는 큰아들과 부채를 파는 작은아들을 둔 어머니가 있었어요. 어머니는 해가 나면 우산 파는 아들을 걱정하고, 비가 오면 부채 파는 아들을 걱정하느라 마음 편할 날이 없었어요.

하늘을 보며 노심초사 한숨 쉬는 어머니를 본 옆집 아저씨가 물었어요. "왜 한숨을 쉬시오?" "해가 쨍쨍하니 큰아들이 걱정돼서요." 아저씨가 말했어요. "날이 더우니 작은아들 장사가 얼마나 잘되겠소? 비 오면 큰아들 장사가 잘되니 좋지 않소." 깨달음을 얻은 어머니는 비가 와도, 날이 더워도 항상 기분이 좋았답니다.

비슷한말

전전반측 輾轉反側
걱정이나 근심 때문에 마음이 불안하고 괴로워서 잠을 잘 이루지 못함.

생각해 보자!

어떤 일로 노심초사해 본 경험이 있나요? 그때 어떻게 고민을 해결했는지 떠올려 봅시다.

 《사기》는 중국 한나라 때 사마천이 상고(上古)의 황제로부터 전한(前漢)의 무제까지 패권을 장악했던 제왕들의 사적을 시기별로 기록한 역사서예요.

명경지수

明 鏡 止 水
밝을 명 · 거울 경 · 그칠 지 · 물 수

맑은 거울과 고요한 물처럼 깨끗한 마음

거울이 깨끗할수록 얼굴이 더 잘 보이겠지요? 잔잔한 물은 깨끗한 거울처럼 맑아서 비추어 볼 수 있어요. 명경지수는 맑은 거울과 잔잔한 물처럼 고요하고 깨끗한 마음을 가리키는 말이에요.

| 교과서 | 도덕 6학년 1학기 3단원 나를 돌아보는 생활 |

제자가 많은 이유

중국 춘추 시대 노나라에 왕태라는 선비가 있었는데 죄를 지어 한쪽 발을 잘리는 형벌을 받았어요. 그런데도 왕태를 따르는 제자가 공자의 제자 수와 비슷할 정도로 많았지요. 공자의 제자가 왜 왕태를 따르는 제자가 많은 거냐고 질문을 했어요. 공자는 왕태의 마음을 잔잔한 물에 비유해 설명했어요. "사람은 흐르는 물을 거울로 삼는 일이 없다. 멈춰 있는 물을 거울로 삼는다. 왕태의 마음은 마치 잔잔한 물처럼 조용하기 때문에 사람들은 그를 거울삼아 모여드는 것이다." 왕태의 마음이 명경지수라는 뜻이지요.

퇴계 이황의 가르침

퇴계 이황은 도덕 공부를 해야 하는 이유에 대해 이렇게 말했어요. "도덕 공부를 하는 것은 거울을 닦는 것과 같다. 거울은 본래 맑은 것이지만 먼지와 때가 쌓이면 씻고 닦아야 한다. 처음에는 온 힘을 들여 닦아 내야만 때 한 겹을 겨우 벗겨 낼 수 있을 테니 무척 힘들 것이다. 하지만 두 번 세 번 닦는다면 점점 힘이 적게 들고, 거울도 그만큼 맑아질 것이다." 거울이 맑아지면 사물을 잘 비추듯, 마음의 거울이 맑아지면 옳고 그름을 분별해 바른 삶을 살 수 있겠지요. 명경지수를 위해 도덕 공부는 꼭 필요하답니다.

비슷한말

허심탄회 虛心坦懷
품은 생각을 터놓고 말할 만큼 명랑하고 거리낌이나 숨김이 없는 솔직한 마음.

운심월성 雲心月性
구름 같은 마음과 달 같은 성격으로, 맑고 깨끗하여 욕심이 없는 모양.

생각해 보자!

스스로 마음을 들여다본 적 있나요? 자신의 마음을 돌아보는 명경지수를 가져 봅시다.

 퇴계 이황은 평생 학문 연구에 힘쓴 조선의 대학자입니다. 모두 네 명의 임금을 섬기면서 오랜 존경을 받은 이황은 벼슬자리에서 물러나자 도산서원을 세워 제자를 길러 내는 데 힘썼답니다.

호연지기

浩然之氣
넓을 호 · 그럴 연 · 갈 지 · 기운 기

온 세상에 가득 찬 넓고 큰 기운

'호연지기를 기르자.'라는 말을 들어 본 적 있나요? 하늘과 땅 사이에 가득 찬 넓고 큰 정기를 뜻하는 말로, 옳은 일을 할 때 뜻을 두고 굽히거나 흔들리지 않는 바르고 큰마음을 의미해요.

교과서 사회 6학년 1학기 1단원 사회의 새로운 변화와 오늘날의 우리 – 일제의 침략과 광복을 위한 노력
도덕 5학년 6단원 인권을 존중하며 함께 사는 우리 – 인권 변호사 이태영

옳은 일을 실천하는 노력

호연은 넓고 큰 모습을 뜻하는 말이에요. 호연지기는 크고 넓게 뻗친 기운이라는 뜻이지요. 맹자는 어떤 일을 할 때 흔들리지 않는 굳센 마음을 얻으려면 호연지기를 길러야 한다고 했어요. 자신이 옳다고 생각하는 일을 실천하는 용기와 어떤 것에도 흔들리지 않으려 노력하는 자세를 길러야 한다는 뜻이지요.

인권 변호사 이태영

이태영은 두 살 때 광산업을 하던 아버지가 사망하고 어머니와 두 오빠와 함께 살았어요. 그러나 "아들이든 딸이든 공부만 잘하면 대학에 보내 주겠다"라는 어머니의 말에 용기를 얻어 이화여자전문학교 가사과를 졸업했어요. 그리고 결혼 후 뒤늦게, 서울대학교 법학과에 입학하여 1952년 고등 고시 사법과에 합격했어요. 하지만 성별 때문에 판사가 아닌 변호사를 선택해야 했어요. 최초의 여성 변호사가 되자 수많은 여성이 찾아왔어요. 이태영은 여성도 남성과 똑같이 존중받는 세상을 만들고자 여성 법률 상담소를 세웠어요. 또한 여성의 인권을 억압하는 가족법을 개정하기 위해 노력했지요. 사람들의 무관심에도 호연지기의 정신으로 끝까지 노력한 결과 가족법 개정을 이루어 냈답니다.

비슷한말

호기 浩氣
호연한 기운. 하늘과 땅 사이 또는, 사람의 마음에 차 있는 너르고 굳고 맑고 올바른 기운.

생각해 보자!

자기단의 호연지기를 가지고 있나요? 어떤 뜻을 지키고 살면 좋을지 생각해 봅시다.

 여성 인권을 위한 이태영의 노력이 있었기에 호주제가 폐지되는 결실을 보았어요. 호주제란 아버지를 가정의 대표로 삼아 가족 구성원의 출생, 혼인 등을 기록하는 제도로 2008년이 되어서야 폐지되었답니다.

내우외환

內憂外患
안 **내** 근심 **우** 바깥 **외** 근심 **환**

나라 안팎의 여러 가지 어려움

나라의 역사를 보면 내부의 다툼도 있고, 다른 나라의 침략을 받은 기록도 있어요. 이처럼 나라 안팎에서 일어나는 어려움이 내우외환이에요. 오늘날에는 개인이나 가정에 걱정거리가 많을 때 쓰기도 해요.

| 교과서 | 사회 6학년 1학기 1단원 사회의 새로운 변화와 오늘날의 우리 - 일제의 침략과 광복을 위한 노력 |

근심과 걱정

"오직 성인만이 내부의 근심도, 밖으로부터의 재난도 능히 견딘다. 성인이 아닌 우리는 밖으로부터 재난이 없으면 반드시 내부에서 근심이 생긴다."

춘추 시대 여덟 나라의 역사를 나라별로 적은 책 《국어》에 나오는 말이에요. 진나라의 범문자는 정나라를 토벌하던 중에 다른 사람이 초나라와의 전쟁을 주장하자 반대하며 이와 같이 말했어요. 내우외환은 여기서 유래된 것으로 사람은 안에서도, 밖에서도 항상 근심과 걱정 속에 산다는 뜻입니다.

조선 시대의 내우외환

대한 제국의 국권을 강제로 빼앗은 일본은 한국인을 지배하고자 조선 총독부라는 통치 기구를 만들었어요. 조선 총독부는 토지 조사 사업이라는 이름으로 농민들의 땅을 강제로 빼앗았습니다. 많은 농민이 농사지을 땅이 없어 생활이 어려워졌어요. 그들은 살길을 찾아 만주와 연해주 등으로 떠나야 했어요. 나라를 빼앗긴 사람으로, 낯선 땅에서 생활하기는 정말 힘들었어요. 끼니뿐 아니라 나라의 운명도 걱정해야 했지요. 그들은 내우외환 속에서 조금씩 돈을 모아 독립운동을 도왔답니다.

반대말

유유자적 悠悠自適
여유가 있어 한가롭고 걱정이 없는 모양이라는 뜻.

생각해 보자!

일제 강점기 농민이었다면, 나라를 잃고 낯선 땅에서 살아갈 때 얼마나 힘들었을까 그 마음을 헤아려 봅시다.

 농민과 함께 많은 독립운동가도 해외로 나갔어요. 안창호는 미국에 흥사단을 세웠고, 이회영은 만주에 신흥 무관 학교를 설립했어요. 해외에서도 독립운동을 활발히 이어 갔답니다.

일일여삼추

一日如三秋
한 일 · 날 일 · 같을 여 · 석 삼 · 가을 추

하루가 삼 년만큼 길게 느껴진다

누군가를 애타게 기다려 본 적 있나요? 누군가를 기다릴 때는 시간이 무척 느리게 흐르지요. 일일여삼추는 하루가 삼 년처럼 느껴질 정도로, 몹시 애태우며 기다리는 마음을 비유한 말이에요.

| 교과서 | 국어 활동 3학년 1학기 10단원 문학의 향기 – 바위나리와 아기별 |

사랑의 노래

"저 칡 캐러 가네. 하루 못 만나도 석 달이 지난 듯. 저 쑥 캐러 가네. 하루 못 만나도 가을이 세 번 지난 듯. 저 약쑥 캐러 가네. 하루 못 만나도 삼 년이 지난 듯."

중국 《시경》에 실린 왕풍의 시 일부분입니다. 하루 못 만났는데 마치 삼 년을 못 만난 것처럼 그립다는 뜻으로, 연인을 그리워하는 마음을 담은 노래인데요. 일일여삼추는 그리움 때문에 짧은 시간이 오랜 세월로 느껴진다는 뜻이랍니다.

백일홍 이야기

바닷가 마을에 목이 세 개인 이무기가 있었어요. 마을 사람들이 잘살기 위해서는 처녀를 제물로 바쳐야 했지요. 한 처녀를 제물로 바치려 할 때, 갑자기 어느 사내가 나타나 이무기와 싸웠습니다. 이무기는 목 하나가 잘린 채 도망갔어요. 처녀가 사내에게 청혼하자, 사내는 이무기를 죽이고 오겠다며 백 일을 기다리라고 했어요. 그리고 배를 타고 돌아올 때 흰 깃발이 보이면 산 것이고, 붉은 깃발이면 죽은 것으로 알라고 했지요. 처녀는 일일여삼추의 마음으로 기다렸어요. 마침내 배가 나타났는데 붉은 깃발이 달려 있었어요. 처녀는 절망에 빠져 자결했어요. 그런데 알고 보니 이무기를 죽이면서 흰 깃발이 붉게 물든 것이었어요. 후에 처녀의 무덤에 꽃이 피었고, 백 일을 기다린 처녀가 꽃이 되었다 해서 '백일홍'이라 불렸어요.

비슷한말

일일천추 一日千秋

하루가 천 년 같다는 뜻으로, 사랑하는 사람끼리 서로 사모하는 마음이 간절함을 이르는 말. 또는 뜻대로 만날 수 없는 초조함을 나타내는 말.

생각해 보자!

생일이나 어린이날을 기다려 본 적이 있나요? 그때 시간이 어떻게 흘러가는 느낌이었는지 떠올려 봅시다.

 이무기는 전설에 나오는 동물이에요. 저주를 받아 용이 되지 못하고 물속에 산다는, 여러 해 묵은 커다란 구렁이랍니다. 물속에서 천 년을 버티면 용으로 변해 하늘로 올라가지요.

권모술수

權謀術數
권세 **권** 꾀할 **모** 재주 **술** 셀 **수**

목적을 달성하기 위해 온갖 술수를 부리다

권모술수는 자신의 목표를 이루기 위해 옳지 않은 일인 줄 알면서도, 교묘하게 일을 꾸미거나 잔꾀를 부리는 것을 뜻하는 말이에요.

| 교과서 | 사회 6학년 1학기 1단원 사회의 새로운 변화와 오늘날의 우리 - 일제의 침략과 광복을 위한 노력 |

권모술수와 마키아벨리즘

이탈리아의 정치 사상가 마키아벨리는 《군주론》에서 군주는 권력을 유지하고 강화하기 위해 여우처럼 간사한 지혜와 사자와 같은 힘을 사용할 필요가 있다고 적었어요. 그래서 목적을 달성하기 위해 온갖 술수를 부리는 권모술수를 마키아벨리의 이름을 따 마키아벨리즘이라고 표현하기도 해요. 권모술수는 목표를 위해 비도덕적인 일까지도 불사하는 책략이나 음모라는 의미로 많이 쓰이며, 상황에 따라 능수능란하게 대처하는 잔꾀를 뜻하기도 합니다.

권모술수의 달인 한명회

조선의 정치가인 한명회는 권모술수의 달인으로 손꼽히는 인물이에요. 한명회는 수양대군(세조)의 참모이자 지략가로, 1453년에 일어난 계유정난(수양대군이 왕위를 빼앗기 위해 일으킨 사건)을 성공시킨 인물이었어요. 한명회는 수양대군을 왕으로 만든 일등 공신으로 인정받은 후에 권력과 세력을 누렸을 뿐 아니라, 두 딸을 예종과 성종에게 시집보내 왕의 장인으로 오래도록 굳건한 지위를 유지했지요. 《조선왕조실록》에 따르면 "모든 형벌과 상을 주는 것이 그(한명회)의 손에 달려 있었다."(1461년 9월 26일)라고 할 만큼 한명회의 권력이 대단했지요.

두 딸을 왕과 결혼시켰으니 최고의 권력을 이어 갈 수 있겠군.

비슷한말

모략 謀略
계책이나 책략으로, 사실을 왜곡하거나 속임수를 써서 남을 해롭게 함.

생각해 보자!

한명회가 없었다면 계유정난은 일어나지 않았을지도 몰라요. 계유정난이 일어나지 않았다면 역사가 어떻게 되었을지 상상해 보세요.

 세종의 뒤를 이은 병약한 문종은 신하들에게 어린 아들 단종을 돌봐 달라고 부탁했어요. 그런데 문종의 동생 수양대군이 단종을 제거하고 왕권을 차지했지요. 이 사건이 계유정난이에요.

반포지효

反哺之孝
돌이킬 반 먹일 포 어조사 지 효도 효

어버이의 은혜에 보답하는 자식의 지극한 효도

효는 자식이 부모에게 바치는 공경과 사랑을 뜻하는 말이지요. 반포지효는 사람뿐 아니라 까마귀까지도 낳아 주고 길러 준 부모의 사랑에 보답할 줄 안다는 뜻이에요.

교과서 사회 3학년 1학기 2단원 우리가 알아보는 고장 이야기 – 심청 바위

어미에게 먹이를 물어다 주는 새끼 까마귀

진나라 때 '이밀'이라는 사람이 있었어요. 왕 무제는 이밀의 학문과 인품을 보고 높은 벼슬을 내렸어요. 하지만 이밀은 할머니를 모셔야 했기 때문에 사양했지요. 그때 이밀은 자신의 마음을 까마귀에 비유했어요. "까마귀가 어미 새의 은혜에 보답하는 마음처럼 저도 할머니가 돌아가실 때까지 모실 수 있게 해 주십시오." 까마귀는 어느 정도 성장하면 늙고 힘이 없는 어미를 위해 먹이를 물어다 준다고 해요. 그래서 까마귀를 효성이 지극한 새라고 한답니다.

심청전

앞을 보지 못하는 '심학규'라는 사람이 있었어요. 그는 딸 심청을 젖동냥으로 키웠고 그렇게 자란 심청은 효성이 지극해 아버지 대신 돈벌이와 집안일을 다 했답니다. 어느 날 심학규는 스님을 만나 눈을 뜰 수 있는 방법이 없느냐고 물었어요. 스님은 쌀 삼백 석을 부처님께 바치면 눈을 뜰 수 있다고 말했지요. 심청은 아버지를 위해 쌀 삼백 석을 구하러 다녔습니다. 마침 뱃사람들이 바다에 바칠 제물이 되어 주면 쌀 삼백 석을 준다고 했어요. 심청은 쌀 삼백 석을 받고 제물이 되어 바다에 몸을 던졌어요. 심청의 반포지효를 느낄 수 있지요.

비슷한 말

풍수지탄 風樹之歎
부모에게 효도를 다하려고 생각할 때는 이미 돌아가셔서 그 뜻을 이룰 수 없음을 이르는 말.

비슷한 속담

효성이 지극하면 돌 위에 풀이 난다
효성이 극진하면 어떤 조건에서도 자식 된 도리를 다할 수 있다는 말.

생각해 보자!

여러분은 어떤 효도를 하고 있나요? 부모님께 감사한 마음을 가지고, 보답할 방법을 생각해 봅시다.

 신라 소지왕은 까마귀의 도움으로 목숨을 구한 후, 정월 보름날을 까마귀의 제삿날로 정해 까만 밥과 약밥(약식)을 만들어 먹었어요. 그래서 정월 보름날에는 약밥을 먹는 풍습이 있답니다.

타산지석

他山之石
다를 타 / 뫼 산 / 갈 지 / 돌 석

다른 사람을 거울로 삼아 스스로를 돌아본다

다른 산에서 나는 거칠고 나쁜 돌을 가져다가 숫돌로 쓰면 옥을 갈 수 있듯, 타산지석은 다른 사람의 사소한 말과 행동이 자신을 돌아보는 데 도움이 된다는 뜻이에요.

교과서 사회 6학년 2학기 3단원 인권 존중과 정의로운 사회 - 인권 신장을 위해 노력했던 옛사람들의 활동을 살펴봅시다

조악한 돌과 옥

"다른 산의 조악한 돌이라도, 옥을 가는 숫돌로 쓸 수 있으리."

《시경》에 나오는 이 구절의 '다른 산의 조악한 돌'은 소인을 뜻하고, '옥'은 군자를 뜻하는 말이에요. 옥은 같은 옥으로는 갈리지 않기 때문에 거친 숫돌로 다듬어야만 하지요. 숫돌이 있어야 아름다운 옥이 만들어지듯, 군자도 소인으로부터 영향을 받아 자신을 돌아볼 수 있다는 말이에요. 쓸모없어 보이는 것도 쓰기에 따라 유용하게 쓸 수 있으며, 다른 사람의 하찮은 언행도 자신을 돌아보는 거울로 삼을 수 있다는 의미랍니다.

늙은 사자와 여우

사자가 늙고 병이 들자 사냥을 할 수 없게 되었어요. 그래서 사자는 동물들에게 병문안을 오라고 한 다음, 병문안 오는 동물들을 잡아먹어 버렸지요. 그러다 여우가 병문안을 왔는데 굴에 들어가지 않고 밖에서 물었어요. "몸은 좀 어떠신가요?" 그러자 사자가 말했어요. "병문안을 왔으면 안으로 들어와야지. 왜 밖에서 물어?" 여우가 말했어요. "굴속으로 들어간 발자국은 많은데 나온 발자국은 하나도 없네요? 저도 들어갔다가는 못 나오겠는걸요?" 여우는 병문안을 오라는 사자의 말을 믿고 무심코 사자 굴로 들어간 다른 동물들의 행동을 타산지석 삼아 자신의 목숨을 지킬 수 있었답니다.

비슷한말

공옥이석 攻玉以石
옥을 가는 데 돌을 쓴다는 뜻으로, 하찮은 물건으로 귀한 것을 만듦을 이르는 말.

생각해 보자!
다른 친구를 타산지석 삼아 자신의 행동을 돌아본 경험이 있는지 떠올려 봅시다.

 동양에서 옥은 귀하게 여겨 온 보석이에요. 백옥과 비취가 제일 유명하지요. 흔히 훌륭하거나 좋은 것에 작더라도 흠이 있는 것을 '옥에 티'라고 표현하지요.

당랑거철

螳 螂 拒 轍
사마귀 당　사마귀 랑　막을 거　바큇자국 철

자기 분수를 모르고 적을 가볍게 생각한다

사마귀와 수레의 크기 차이를 생각해 보면, 이 말의 뜻을 정확히 이해할 수 있을 거예요. 당랑거철은 사마귀처럼 자기 분수를 모르고 수레와 같이 상대가 되지 않는 것과 대적한다는 뜻이에요.

교과서　국어 6학년 1학기(가) 5단원 속담을 활용해요 – 하룻강아지 범 무서운 줄 모른다

용맹한 사마귀

춘추 시대 제나라의 군주 장공이 수레를 타고 사냥터로 가고 있었어요. 그런데 갑자기 벌레 한 마리가 앞발을 휘두르며 수레에 덤벼들었답니다. 장공이 마부에게 어떤 벌레인지 묻자 마부가 말했어요. "사마귀라는 벌레인데, 이 벌레는 나아갈 줄만 알고 물러설 줄을 모르지요. 제힘은 생각지도 않고 적을 가볍게 보는 녀석입니다." 그러자 장공은 "이 벌레가 사람이라면 반드시 천하에 용맹한 사나이가 되었겠구나."라며 수레를 돌려 사마귀를 피해 갔답니다.

어리석은 당나귀

마을에 사이좋은 당나귀와 수탉이 살았어요. 어느 날 배고픈 사자가 먹이를 찾아 마을에 왔다가 당나귀를 발견했어요. 그때 수탉이 사자를 보고 꼬끼오 소리쳤지요. 그 소리를 들은 사자는 사람들이 나올까 봐 숲으로 달아났어요. 수탉 덕분에 목숨을 건진 당나귀는 달아나는 사자의 모습을 보자 우쭐해져서 사자를 쫓으며 외쳤지요. "감히 나를 넘보다니. 수탉이 아니었어도 내 뒷발로 너를 한 방 차 주려고 했다!" 당나귀는 어느새 수탉의 소리가 들리지 않을 만큼 숲속 깊은 곳까지 들어오고 말았어요. 당랑거철인 당나귀에게 사자가 말했지요. "여기선 닭 울음소리가 안 들린단다. 그토록 내 먹이가 되고 싶더냐?" 그러고선 단숨에 당나귀를 잡아먹었답니다.

비슷한 속담

하룻강아지 범 무서운 줄 모른다
아무 경험 없는 사람이 철없이 함부로 덤비는 경우를 이르는 말.

생각해 보자!

커다란 수레에 맞서는 사마귀의 마음을 이해할 수 있나요? 어리석어 보이지만 그 행동에 어떤 배울 점이 있는지 생각해 봅시다.

 속담에 '버마재비 수레 버티듯.' 혹은 '버마재비도 성나면 앞발로 수레를 막는다.'라는 말이 있어요. 버마재비는 사마귀의 다른 이름으로, 이 속담은 당랑거철과 같은 뜻이랍니다.

정저지와

井 底 之 蛙
우물 정 바닥 저 갈 지 개구리 와

좁은 곳에 갇혀 넓은 세상의 일을 모르고 사는 사람

우물 안에 살면서 밖으로 나오지 못한다면, 우물 안이 자신이 사는 세계의 전부이겠지요. 좁고 한정된 곳에서만 살아서 넓은 세상의 형편을 모르는 사람을 비유적으로 이르는 말이 정저지와예요.

| 교과서 | 사회 6학년 1학기 1단원 사회의 새로운 변화와 오늘날의 우리 |

개구리는 모르는 바다

중국 황하강의 신 하백이 물의 흐름을 따라 처음으로 바다에 다다랐어요. 하백은 북해에서 동해를 바라보면서, 그 끝이 없음에 놀라 탄식하였지요. 그러자 북해의 신이 이렇게 말했어요. "우물 안에서 사는 개구리는 바다를 이야기해도 알지 못하고, 여름에만 사는 여름벌레는 얼음에 대해 말해도 알지 못한다." 이처럼 좁고 한정된 곳에서만 살아서 더 넓은 세상을 모르는 것을 일컬어 정저지와라고 한답니다.

우물 안 개구리의 외출

금강산 아래 오래된 우물 속에 개구리 열 마리가 살고 있었어요. 그들이 보는 것은 좁은 우물과 머리 위로 보이는 작은 하늘이 고작이었지요. 어느 날 우물가에 까마귀가 날아와 앉자, 개구리들은 바깥세상에서 가장 아름다운 곳이 어디냐고 물었어요. 까마귀가 금강산이라고 하자, 금강산이 너무 궁금해진 개구리들은 대표를 뽑아 까마귀 등에 업혀 세상 구경을 가기로 했어요. 대표로 뽑힌 개구리는 까마귀 등을 타고 금강산에 도착했지요. 큰 세상과 금강산의 아름다움에 놀란 개구리는 입을 다물 수 없었어요. 개구리는 금강산의 경치를 구경하다 그 아름다움에 반해 친구들의 기다림을 잊고 바위가 되어 버렸답니다.

비슷한말

좌정관천 坐井觀天
우물 속에 앉아서 하늘을 본다는 뜻으로, 사람의 견문이 매우 좁음을 이르는 말.

생각해 보자!

뉴스를 보면서 정저지와라고 느껴 본 적 있나요? 넓은 세상을 보기 위해 어떻게 해야 하는지 생각해 봅시다.

 우물은 지하수를 퍼 올리기 위해 만들어졌어요. 물이 나오는 데까지 땅을 파고, 주변을 돌로 쌓아 만들었지요. 옛날에는 우물을 중심으로 마을이 형성되었답니다.

풍전등화

風前燈火
바람 풍 / 앞 전 / 등잔 등 / 불 화

바람에 꺼질 듯한 불처럼 위태롭고 불안한 상황

등잔불이나 촛불이 거센 바람 앞에서 꺼질 듯 말 듯 껌벅거릴 때처럼, 사람의 운명이나 나라의 운명이 위태롭고 불안한 상황을 비유해 풍전등화라고 해요.

교과서 사회 6학년 1학기 1단원 사회의 새로운 변화와 오늘날의 우리 – 의병이 지키려 했던 조국

의병이 지키려 했던 조국

1905년, 일본은 우리의 외교권을 박탈하기 위해 고종의 허가 없이 강제로 을사늑약을 체결했어요. 이에 풍전등화에 놓인 조국을 구하기 위해 전국 각지에서 백성이 자발적으로 의병을 조직했지요. 이들은 을사늑약의 폐기를 요구하며 격렬하게 투쟁했습니다. 고종이 강제로 왕위에서 물러나고 대한 제국의 군대가 해산되자, 전국 각지에서 의병 운동이 더욱 거세게 일어났어요. 일제는 대대적으로 의병을 탄압했고, 많은 의병이 다치거나 죽었어요. 살아남은 의병은 만주나 연해주로 이동해 항일 투쟁을 이어 갔답니다.

사자와 생쥐

사자가 낮잠을 자고 있는데 생쥐가 발을 헛디뎌 사자 위로 떨어졌어요. 사자는 낮잠을 방해했다며 생쥐를 잡아먹으려고 했어요. 목숨이 풍전등화에 놓인 생쥐는 말했어요. "한 번만 살려 주세요. 은혜를 꼭 갚을게요." 사자는 은혜를 갚는다는 말에 코웃음 치며 생쥐를 놓아주었어요. 며칠 후 길을 가던 사자는 사냥꾼의 함정에 빠져 그물에 갇히고 말았어요. 빠져나오려 발버둥을 쳤지만, 애를 쓸수록 그물이 더 조여 왔지요. 이번엔 사자의 목숨이 풍전등화에 놓였어요. 그때 생쥐가 나타나 이빨로 그물을 갉아 사자를 구해 주었어요. 약속대로 은혜를 갚은 것이지요.

비슷한말

누란지세 累卵之勢
층층이 쌓아 놓은 알의 형세라는 뜻으로, 몹시 위태로운 형세를 비유적으로 이르는 말.

백척간두 百尺竿頭
백 자나 되는 높은 장대 위에 올라섰다는 뜻으로, 몹시 어렵고 위태로운 지경을 이르는 말.

생각해 보자!

풍전등화처럼 위기에 놓인 적이 있었나요? 어떻게 위기를 극복했는지 떠올려 봅시다.

 구한말 영국인 기자가 의병에게 일본을 이길 수 있겠느냐고 물었어요. 의병은 "이기기 힘든 것은 안다. 싸우다 죽겠지만, 일본의 노예로 사느니 자유민으로 죽는 것이 낫다."라고 했답니다.

백년대계

百年大計
일백 **백** 해 **년** 큰 **대** 꾀할 **계**

백 년 후까지 내다보고 큰 계획을 세우다

방학 계획표를 세워 본 적 있나요? 방학 계획표처럼 지금 당장 필요한 계획이 아닌, 먼 앞날까지 미리 내다보고 세우는 계획을 백년대계라고 해요.

| 교과서 | 사회 6학년 2학기 3단원 인권 존중과 정의로운 사회 – 인권 신장을 위해 노력했던 옛사람들의 활동을 살펴봅시다 |

어린이는 나라의 미래

소파 방정환은 일제 강점기에 '어린이날'을 만든 아동 문학가예요. '어린이'라는 호칭도 방정환이 처음 사용했어요. 당시만 해도 어린이는 어른과 같은 인격체로 대접받지 못했어요. 게다가 많은 어린이가 가난과 굶주림에 시달렸고, 교육받을 기회도 없었어요. 방정환은 어린이가 우리 민족의 미래라며, 특히 일제로부터 독립하기 위해서는 다음 세대를 잘 키워야 한다고 생각했어요. 어린이날의 제정은 눈앞의 것이 아닌, 어린이를 존중하는 문화를 통해 미래를 준비하려 한 방정환의 백년대계였어요.

나무를 심는 노인

한 노인이 나무를 심는 데 힘이 부치는지 이마에 땀방울이 가득했어요. 지나던 나그네가 노인을 도와주며 왜 나무를 심는지 물었어요. 노인은 나무의 열매를 거두려고 심는다고 했지요. 그러자 나그네는 다시 물었어요. "이 나무 열매를 맺으려면 한참 걸릴 텐데요?" 그러자 노인이 말했어요. "어릴 때부터 집 마당의 과일나무에서 열매를 따 먹으며 자랐소. 할아버지와 아버지가 심으신 나무였지요. 나도 할아버지와 아버지처럼 자손들을 위해 나무를 심고 있는 것이오." 나무를 심는 것은 노인의 백년대계였어요.

반대말

권의지계 權宜之計
때와 장소에 맞는 대처 방법으로, 일관성 없이 즉흥적이고 편의적으로 바뀌는 계책.

생각해 보자!

100년 후에는 세상이 어떻게 달라질까요? 미래에 어떻게 살아갈지 백년대계를 세워 봅시다.

 어린이날은 원래 5월 1일이었어요. '어린이는 돋아나는 새싹과 같다.'라는 의미를 담아 새싹이 돋는 봄날로 정했지요. 이후 5월의 첫 일요일로 바뀌었다가 1946년부터 5월 5일로 정해졌답니다.

비분강개

悲 憤 慷 慨
슬플 비 / 분할 분 / 강개할 강 / 분개할 개

슬프고 분하여 마음이 북받치다

의롭지 못한 일이나 잘못되어 가는 세상의 모습이 너무 슬프고 분하여 마음이 북받치는 것을 뜻하는 말이에요. '비'와 '강'을 뺀 '분개'는 몹시 분하게 여긴다는 뜻으로 많이 쓰는 말입니다.

교과서 사회 6학년 1학기 1단원 사회의 새로운 변화와 오늘날의 우리

시일야방성대곡

1905년 11월 20일 〈황성신문〉에 장지연의 "시일야방성대곡", 즉 '이날, 목 놓아 통곡하노라'라는 논설이 실렸어요. 이는 러일전쟁에서 승리한 일본이 대한 제국의 외교권을 박탈하기 위해 대신들을 압박해 강제로 을사늑약을 체결한 것에 비분강개해 쓴 글이었어요. 이처럼 비분강개는 개인적인 원한이나 슬픔으로 생기는 원통한 마음보다, 국가의 운명이 위기에 빠지거나 세상이 어지러워 탄식하는 경우에 많이 쓰는 말이에요. 나라를 위해 충성한 사람이 세상이 돌아가는 형세를 보고 울분을 밖으로 표출하는 모양을 나타낸 말이지요.

윤봉길 의사

"너희도 만일 피가 있고 뼈가 있다면, 반드시 조선을 위해 용감한 투사가 되어라."

우리나라의 독립을 위해 목숨을 바친 윤봉길이 어린 두 아들에게 남긴 유언이에요. 1930년 윤봉길은 독립운동을 위해 중국으로 망명해 한인 애국단에 가입했어요. 김구 선생과 함께 나라의 현실에 대해 비분강개한 윤봉길은 1932년 4월 29일 일본 왕의 생일 기념행사가 열린 상하이 훙커우 공원에서 폭탄을 던지는 의거를 실행했어요. 윤봉길의 희생은 전 세계의 이목을 집중시켰고, 대한민국 임시 정부가 중국의 지원을 받을 수 있는 계기가 되었답니다.

비슷한말

절치부심 切齒腐心
몹시 분하여 이를 갈며 속을 썩인다는 뜻. 비분강개는 자연스럽게 표출되는 마음의 움직임인 데 비해, 절치부심은 스스로 분한 마음을 품는 것을 뜻하는 말.

생각해 보자!

윤봉길이나 장지연의 비분강개하는 마음을 이해할 수 있나요? 일제 강점기에 살았다면 어떤 마음이었을지 생각해 봅시다.

 의사란 의리와 지조를 굳게 지키는 사람이라는 뜻으로, 국가와 민족을 위해 목숨 바쳐 싸운 애국 지사들을 칭하는 말이에요. 윤봉길, 안중근 의사가 대표적인 인물이지요.

촌철살인

寸鐵殺人
마디 촌 / 쇠 철 / 죽일 살 / 사람 인

한 마디의 말과 글로 상대방을 당황시키다

날카로운 한 마디의 말이나 글로, 상대방의 말문이 막힐 정도로 당황하게 만들거나 감동시키는 것을 일컬어 촌철살인이라고 해요.

교과서 국어 4학년 2학기(가) 3단원 바르고 공손하게 – 박바우와 박 서방

한 치의 칼

"한 수레 무기가 있어야 사람을 죽일 수 있는 것이 아니다. 한 치 안 되는 칼도 사람을 죽일 수 있다."

중국 남송의 유학자 나대경이 쓴 글에 나오는 말이에요. 여기서 살인은 마음속의 속된 생각을 없애는 것을 의미해요. 속된 생각을 없애기 위해서는 이런저런 방법보다 몸과 영혼을 집중하는 순간이 필요하다는 뜻이지요. 오늘날에는 장황한 말이 아닌 짧은 한 마디 말이나 글로 상대를 당황하게 만들거나 감동시키는 경우를 뜻하는 말로 많이 쓰인답니다.

박바우와 박 서방

고기 파는 박바우 노인에게 어떤 양반이 고기를 사러 왔어요. "바우야, 쇠고기 한 근만 다오." 하자, 박 노인은 고기를 대충 잘라 주었지요. 뒤에 온 양반은 공손히 말했어요. "박 서방, 쇠고기 한 근만 주시오." 그러자 박 노인은 좋은 부위를 크게 잘라 주었어요. 먼저 온 양반이 보니 나중에 온 양반의 고기가 훨씬 양도 많고 좋아 보였어요. 먼저 온 양반이 화를 내며 물었지요. "야, 바우야! 같은 한 근인데 왜 다르냐?" 박 노인이 대답했지요. "손님 것은 바우 놈이 잘랐고, 이분 것은 박 서방이 잘랐으니까요." 촌철살인 박 노인의 대답에 먼저 온 양반은 말문이 막혔답니다.

비슷한말

정문일침 頂門一鍼
정수리에 침 하나를 꽂는다는 뜻으로, 상대방의 급소를 찌르는 따끔한 충고나 교훈을 이르는 말.

생각해 보자!

상대방의 말을 듣고 말문이 막히는 촌철살인을 경험해 본 적 있는지 떠올려 봅시다.

 '촌철'에서 촌은 보통 성인 남자의 손가락 한 마디 길이를 말하며, 철은 쇠로 만든 무기를 뜻해요. 따라서 촌철이란 매우 작은 크기의 무기를 말한답니다.

언어도단

言語道斷
말씀 언 · 말씀 어 · 길 도 · 끊길 단

어이가 없어서 말문이 막히다

너무 어이가 없어서 말문이 막힌 적 있나요? 언어도단은 말할 길이 끊어졌다는 뜻으로, 엄청나게 기가 막혀서 뭐라 말로 표현할 수 없을 때 쓰는 말이에요.

| 교과서 | 사회 6학년 1학기 1단원 사회의 새로운 변화와 오늘날의 우리 |

무서운 세도 정치

19세기 후반 조선에는 왕의 외척이 권력을 잡는 세도 정치가 나타났어요. 이들은 높은 벼슬을 차지했고, 뇌물을 준 사람에게 벼슬을 주는 등 자신들의 이익을 위해 나쁜 짓을 저질렀어요. 뇌물을 바친 일부 관리는 그 비용을 충당하기 위해 백성들에게 세금을 마음대로 거뒀어요. 세금 때문에 도망간 이웃집은 물론, 죽은 사람과 어린아이 몫의 세금까지 내라고 했지요. 심지어 모래가 잔뜩 섞인 곡식을 빌려 주고서 이자까지 갚으라고 하며 백성을 괴롭혔어요. 관리들의 행태가 정말 언어도단이었어요.

비겁한 박쥐

사자가 먹이를 먹으려고 하는데 새들의 왕 독수리가 먹이를 낚아챘어요. 사자는 육지 동물을 모아 새들과의 전쟁을 선포했어요. 처음에 새들은 속수무책으로 당했어요. 박쥐는 날개를 접고 육지 동물 편에 섰지요. 다음 날엔 새들이 공격에 성공하자 박쥐는 날개를 펴고 새의 편에 섰어요. 싸움이 계속되는 동안 박쥐는 이편저편으로 왔다 갔다 했어요. 그러다 둘이 화해하자 박쥐는 어느 쪽에도 낄 수 없었지요. 박쥐가 한 행동은 언어도단이 아닐 수 없었고, 박쥐는 이때부터 동굴 속에 숨어 살게 되었답니다.

같은 말

도단 道斷, **언어동단** 言語同斷
말할 길이 끊어졌다는 뜻으로, 어이가 없어서 말하려 해도 말할 수 없음을 이르는 말.

생각해 보자!

어떤 사람의 행동을 보고 언어도단이라 느낀 적 없는지 떠올려 봅시다.

 왕의 위임을 받아 왕을 대신해 나라를 다스리는 사람과 이를 따르는 무리가 행사하는 조선의 정치 형태를 세도 정치라고 해요. 세도 정치는 백성들을 더욱 궁핍하게 만들었어요.

형설지공

螢雪之功
개똥벌레 **형** 눈 **설** 갈 **지** 공 **공**

어려운 상황에도 열심히 공부하는 자세

숙제를 해야 하는데 정전이 되면 어떨까요? 옛날에는 등불에 넣을 기름이 없어 반딧불과 눈의 빛을 이용해 공부했답니다. 형설지공은 어려운 처지에서도 열심히 공부하는 자세를 뜻하는 말이에요.

교과서 국어 3학년 1학기(나) 9단원 어떤 내용일까 - 반딧불이

반딧불과 눈의 빛

매일 밤 책을 읽던 중국 동진의 차윤은 어느 날 등잔 기름이 다 닳아 책을 볼 수 없게 되었는데, 기름을 살 돈이 없었어요. 어느 밤 풀숲에서 반딧불이 반짝이는 것을 본 차윤은 자루에 반딧불이를 모아 그 불빛으로 책을 보았지요. 진나라의 손강도 비슷한 처지였어요. 한겨울에 기름이 떨어져 책을 볼 수 없게 된 손강은 마당에 내린 눈이 달빛에 반사되어 주변을 밝게 만든다는 것을 알게 되었어요. 손강은 추운 마당에서 눈의 빛에 의지해 책을 보았지요. 이렇게 노력한 결과 두 사람은 높은 벼슬에 올랐답니다.

떡 썰기와 글씨 쓰기

홀어머니와 사는 한호는 형편이 어려워 서당에 갈 수 없었어요. 먹과 종이가 없어 돌 위에 물로 글씨 연습을 했지요. 어머니는 아들을 위해 열심히 떡을 만들어 팔았고, 그 돈으로 한호는 개성으로 공부하러 갈 수 있었어요. 그런데 어느 날 문득 어머니가 걱정되어 한호는 공부하다 말고 돌아왔어요. 어머니는 돌아올 만큼 실력이 좋아졌는지 보자며 불을 끄고 '떡 썰기'와 '글씨 쓰기' 솜씨를 대결하자 했지요. 불을 켜 보니 어머니가 썬 떡은 두께가 고른데, 한호의 글씨는 비뚤비뚤했어요. 한호는 다시 돌아가 열심히 공부해서 조선 최고의 명필가가 되었어요. 형설지공으로 노력한 그가 바로 한석봉이랍니다.

비슷한말

주경야독 晝耕夜讀
낮에는 농사짓고 밤에는 공부한다는 뜻으로, 바쁜 틈을 타서 어렵게 공부함을 이르는 말.

생각해 보자!

형설지공한 사람들의 마음이 이해가 되나요? 어려운 형편에서도 열심히 공부하고자 노력했던 그들의 마음을 헤아려 봅시다.

 반딧불이가 빛을 내는 이유는 짝을 찾기 위해서예요. 요즘에는 환경이 오염되어 반딧불이가 많이 줄었지만, 옛날에는 개똥만큼이나 흔하다고 해서 개똥벌레라고도 불렀답니다.

불요불굴

不撓不屈
아닐 **불** 흔들 **요** 아닐 **불** 굽힐 **굴**

흔들리지도 굽히지도 않는 태도

작심삼일이라는 말이 있지요? 결심한 것을 끝까지 해내는 것은 참 어려운 일이에요. 반대로 결심이 굳건해서 어려운 상황에서도 흔들림 없는 태도를 불요불굴이라고 해요.

교과서 사회 6학년 1학기 1단원 사회의 새로운 변화와 오늘날의 우리

왕상의 성품

중국 한나라 때 큰 홍수가 날 것이라는 소문이 났어요. 사람들은 피난을 준비하느라 야단법석이었지요. 왕에게 신하들이 말했어요. "천문과 점괘에 의하면 반드시 홍수가 날 것이라 합니다. 속히 피하십시오." 하지만 왕상만 반대 의견을 냈어요. "근거 없는 소문일 뿐입니다. 폐하께서 피난을 가신다면 민심은 걷잡을 수 없을 것입니다." 왕이 왕상의 말을 듣고 자리를 지키자, 민심이 회복됐어요. 결국 홍수는 나지 않았고, 그 소문은 헛소문이었음이 밝혀졌지요. 자신의 뜻을 굽히지 않는 왕상의 성품에서 불요불굴이라는 말이 생겨났답니다.

안중근 의사의 신념

안중근 의사는 1909년, 대한 제국 초대 통감 이토 히로부미가 만주 하얼빈 역에 온다는 사실을 알게 됐어요. 대한 제국을 일제의 식민지로 만들고 평화를 위협하는 이토를 암살하기로 한 안중근은 치밀한 계획을 세워 성공했지요. 이후 이토를 암살한 죄를 논하는 재판이 열렸고, 안중근은 일제의 만행과 자신이 지키고자 한 평화를 세계에 알렸어요. 그는 사형 판결 앞에서도 불요불굴의 신념으로 맞섰답니다.

비슷한말

백절불요 百折不撓
백 번 꺾일지언정 휘어지지 않는다는 뜻으로, 어떠한 어려움에도 굽히지 않는 정신과 자세를 말함.

반대말

작심삼일 作心三日
단단히 먹은 마음이 사흘을 가지 못한다는 뜻으로, 결심이 굳지 못함을 이르는 말.

생각해 보자!

사형 집행을 앞둔 안중근 의사의 마음을 상상해 보고, 불요불굴의 마음을 떠올려 봅시다.

 "나는 천국에 가서도 우리나라의 회복을 위해 힘쓸 것이다. 대한 독립의 소리가 천국에 들려오면 나는 마땅히 춤추며 만세를 부를 것이다." 안중근 의사의 유언입니다. 간절히 독립을 바라는 마음을 느낄 수 있어요.

가정맹어호

苛 政 猛 於 虎
가혹할 가 정사 정 사나울 맹 어조사 어 호랑이 호

가혹한 정치는 호랑이보다 더 무섭다

정부는 나라를 운영하기 위해 국민에게서 세금을 거둬요. 그런데 국민이 버는 것보다 많이 낸다면 생활비도 모자라 살기 힘들겠지요. 옛날, 백성의 사정을 헤아리지 않는 정치는 호랑이보다 무섭다고 여겨졌어요.

교과서 사회 6학년 1학기 1단원 사회의 새로운 변화와 오늘날의 우리 - 고부 군수의 횡포

호랑이보다 무서운 정치

공자가 제자들과 함께 길을 가다가 세 개의 무덤 앞에서 슬피 우는 여인을 만났어요. 왜 그렇게 울고 있느냐 묻자 여인은 시아버지와 남편, 아들을 모두 호랑이가 잡아먹었다고 했어요. 그 말을 들은 공자가 물었지요. "왜 이곳을 떠나지 않고 살고 있습니까?" 그러자 여인이 말했어요. "여기가 그나마 낫습니다. 다른 곳으로 가면 무거운 세금 때문에 살 수가 없어요." 이에 공자는 말했어요. "가혹한 정치가 호랑이보다도 무섭구나."

고부 군수 조병갑과 동학 농민 운동

조선 시대 고부(오늘날 전라북도 정읍) 군수였던 조병갑은 백성들을 괴롭히기로 유명했어요. 그는 농민들에게 큰 저수지를 만들라고 하고 품삯도 주지 않으면서 오히려 물세를 거둬 갔어요. 죄 없는 농민들을 잡아들여 갖가지 죄명으로 재물을 빼앗기도 했지요. 자기 아버지의 공덕비를 세운다고 세금을 거두고, 어머니가 사망하자 강제로 부조금을 걷었어요. 오늘날까지 조선 시대를 대표하는 탐관오리로 알려질 만큼, 호랑이보다 무서운 정치로 백성들의 원성을 샀지요. 결국 그의 횡포를 견디다 못한 농민들은 전봉준을 필두로 동학 농민 운동을 일으켰습니다.

비슷한말

가렴주구 苛斂誅求
세금을 가혹하게 거두고 강제로 빼앗다.

탐관오리 貪官汚吏
자신의 욕심만 추구하는 부패한 관리.

생각해 보자!

세계 역사 속, 호랑이보다 무섭고 가혹한 정치를 한 왕은 누가 있을까요? 그 정치의 결과를 알아보고 가혹한 정치의 문제에 대해 생각해 봅시다.

 동요 〈새야 새야 파랑새야〉는 동학 농민 운동을 일으켰으나 성공하지 못하고 체포되어 처형된 전봉준을 비유하는 노래로 알려져 있어요. 동요 속 '녹두꽃'은 전봉준의 별명 '녹두 장군'을 비유한 것이라고 해요.

고사성어 따라 쓰기

이번 장에 나왔던 주요 고사성어의 의미를 떠올리며 한 글자씩 따라 써 보면서 의미를 되새겨 봅시다.

| 군 | 계 | 일 | 학 |

| 사 | 필 | 귀 | 정 |

| 문 | 일 | 지 | 십 |

| 와 | 신 | 상 | 담 |

| 명 | 경 | 지 | 수 |

| 호 | 연 | 지 | 기 |

반포지효

타산지석

정저지와

풍전등화

백년대계

형설지공

불요불굴

심사숙고

"깊이 생각하고 오래도록 고찰함"

중요한 일을 판단할 때는 무엇보다 그 일을 깊이 고민하고 생각하는 시간이 필요하지요. 심사숙고는 어떤 일에 대해 깊이 생각하고 오래도록 고민하는 것을 뜻하는 말이에요.

심사숙고

深思熟考
깊을 심 | 생각 사 | 익을 숙 | 상고할 고

깊이 생각하고 오래도록 고찰함

중요한 일을 판단할 때는 무엇보다 그 일을 깊이 고민하고 생각하는 시간이 필요하지요. 심사숙고는 어떤 일에 대해 깊이 생각하고 오래도록 고민하는 것을 뜻하는 말이에요.

교과서 국어 2학년 1학기(나) 11단원 상상의 날개를 펴요 – 치과 의사 드소토 선생님

목숨 걸고 지킨 가치

1950년 한국전쟁 때 인민군이 합천 가야산에 숨었어요. 육군은 공군에게 인민군을 폭격해 달라 요청했지요. 정찰기가 폭격 지점으로 가리킨 곳은 바로 해인사였답니다. 명령에 따라 폭격기 4대가 해인사를 향한 순간, 갑자기 김영환 대령이 폭격기 방향을 돌리며 부하들에게 폭격을 중지하라 했어요. 전쟁 중에 명령 불복종은 목숨을 내놓아야 할 만큼 큰일인데, 왜 명령을 어겼느냐는 말에 김영환 대령은 "보물인 팔만대장경을 어찌 수백 명의 공비 때문에 잿더미로 만들 수 있겠습니까."라고 답했어요. 그 짧은 순간, 심사숙고해 목숨 걸고 보물을 지켜 낸 김영환 대령 덕에 팔만대장경을 지킬 수 있었답니다.

금을 버린 형제

사이좋은 형제가 우연히 금덩어리 두 개를 주워 나눠 가졌어요. 형제는 배를 타러 가면서 이 금으로 뭘 살까 생각했지요. '집도 사고, 논도 사고.' 문득 형은 아우의 금이 탐이 나고, 아우도 형의 금이 탐이 났어요. 배에 오른 형제는 평소와 달리 서먹했지요. 그때 아우가 금덩어리를 강에 던져 버렸어요. 그러자 형도 금덩어리를 강에 던졌어요. 형제는 심사숙고한 끝에 우애를 깨는 금덩어리를 강에 던진 거예요.

비슷한말

심사숙려 深思熟慮
깊이 잘 생각하다.

생각해 보자!

무언가를 심사숙고해 결정한 경험이 있는지 떠올려 봅시다. 그 결정 덕에 좋은 결과가 나왔나요?

 팔만대장경은 고려 때 부처의 힘으로 몽골군을 물리치기 위해 만들었어요. 세계에서 가장 오래된 대장경판으로, 해인사 장경판전은 유네스코 세계 문화유산으로 지정되어 있어요.

어부지리

漁夫之利
고기잡을 어 사내 부 갈 지 이로울 리

다른 사람이 애써 한 일로 엉뚱한 사람이 이익을 보다

'죽 쑤어 개 주었다.'라는 말을 들어 본 적 있나요? 애써 한 일이 엉뚱한 사람에게만 좋게 되었을 때 쓰는 말인데요. 어부지리도 두 사람이 싸우는 바람에 옆에서 지켜보던 사람이 덕을 본다는 뜻이에요.

| 교과서 | 국어 2학년 1학기(나) 11단원 상상의 날개를 펴요 – 신기한 독 |

조개와 황새의 싸움

전국 시대 때 조나라가 연나라를 공격하려 한다는 말을 듣고, 연나라의 왕이 보낸 지략가 소대가 조나라 혜왕에게 말했어요. "조개가 입을 벌리고 있는데 황새가 조갯살을 먹으려는 순간, 조개가 놀라 입을 다물었지요. 황새는 조개가 말라죽을 것이라고 생각했고, 조개는 입을 물린 황새가 굶어 죽을 것이라 보았습니다. 그런데 때마침 지나가던 어부가 둘을 한꺼번에 가지고 가 버렸습니다. 지금 조나라가 연나라를 치면 전쟁으로 백성들이 지치게 될 테고, 그때 강한 진나라가 어부지리로 양국을 차지할지도 모릅니다." 이 말을 들은 혜왕은 공격을 포기했답니다.

신기한 독

농부가 땅속에서 커다란 독을 발견했어요. 농부는 그 독에 괭이를 넣어 두고 집으로 돌아왔지요. 다음 날 보니 항아리에 괭이가 가득 들어 있었어요. 쌀도, 돈도, 옷도 그 독에 넣으면 가득 넘쳤지요. 농부의 소문을 듣고 찾아온 욕심쟁이 영감은 밭의 원래 주인이 자신이니 독을 돌려 달라고 했어요. 두 사람은 독의 주인을 가려 달라고 원님을 찾아갔지요. 원님은 양쪽 주장이 다 맞으니 한 사람이 양보할 때까지 보관을 하겠다며 어부지리로 독을 차지했답니다.

비슷한 말

방휼지쟁 蚌鷸之爭
조개와 도요새가 다투는데 어부가 와서 조개와 도요새를 다 거두어 가 어부만 이롭게 했다는 뜻.

비슷한 속담

죽 쑤어 개 좋은 일 했다
애써 한 일이 엉뚱한 사람에게 좋은 일이 되었을 때 사용하는 속담.

생각해 보자!

어부지리로 좋은 것을 얻어 보거나, 반대로 다른 사람에게 빼앗긴 경험이 있나요?

 어부지리로 독을 차지한 원님은 어떻게 됐을까요? 독을 구경하던 원님의 아버지가 독에 빠져 버렸고, 독에서 아버지가 계속 나와 서로 다투었답니다. 원님이 욕심을 내다가 화를 입고 만 거예요.

난형난제

難兄難弟
어려울 난 맏 형 어려울 난 아우 제

둘 다 좋아 어떤 것이 낫다고 말하기 어렵다

"엄마가 좋아, 아빠가 좋아?"라는 질문에 답하기 어렵죠. 이처럼 두 가지가 비슷해서 어떤 것이 더 나은지 판단하기 어려운 경우에 쓰는 말이에요.

| 교과서 | 국어 활동 3학년 1학기 8단원 의견이 있어요 – 먹보 다람쥐의 도토리 재판 |

누가 더 훌륭한가

중국 한나라의 진식에게는 원방과 계방이라는 두 아들이 있었어요. 어느 날 원방의 아들들과 계방의 아들들이 찾아와 원방과 계방 중 누가 더 훌륭한지를 물었어요. 손자들은 서로 자기 아버지가 더 훌륭하다고 다투고 있었지요. 진식은 "형이라 하기도 어렵고, 아우라 하기도 어렵구나."라며 둘 다 똑같이 훌륭하다고 대답했어요. 이렇게 어느 쪽이 더 낫다고 할 수 없을 정도로 비슷할 때를 가리켜 난형난제라고 한답니다.

방귀 시합

윗마을 방귀쟁이가 아랫마을 방귀쟁이와 시합을 하기 위해 찾아왔어요. 아랫마을 방귀쟁이의 집에는 그의 아들만 있었지요. 윗마을 방귀쟁이는 "시합할 사람이 없으니 방귀나 뀌고 가야지."라며 방귀를 뀌었고, 아들은 방귀에 날려 굴뚝으로 빨려 들어가고 말았지요. 아랫마을 방귀쟁이가 집에 돌아와 보니, 아들이 숯 검정이 되어 있지 않겠어요? 화가 난 그는 윗마을 방귀쟁이를 찾아갔지요. 윗마을 방귀쟁이를 발견하자 방귀로 홍두깨를 날렸어요. 윗마을 방귀쟁이가 날아오는 홍두깨를 보고는 맞서 방귀를 뀌어 날렸어요. 온종일 홍두깨가 공중에서 이쪽저쪽으로 왔다 갔다 하는 진풍경이 펼쳐졌답니다. 두 사람은 방귀 뀌는 실력이 정말 난형난제였어요.

비슷한말

용호상박 龍虎相搏
용과 호랑이가 서로 싸운다는 뜻으로, 곧 힘이 강한 두 사람이 승부를 겨룬다는 말.

생각해 보자!

무엇이 더 나은지 판단하기 어려운 난형난제의 상황에 놓인 적이 있었는지 떠올려 봅시다.

 홍두깨는 빨래의 구김살을 펴기 위해 다듬이질을 할 때 쓰는 도구예요. 길이 70센티미터 정도의 단단한 나무를 가운데가 굵고 양 끝으로 가면서 가늘게 깎은 모양이에요.

분골쇄신

粉骨碎身
가루 분　뼈 골　부술 쇄　몸 신

온 힘을 다해 노력하고 수고를 마다하지 않는다

뼈를 가루로 만들고 몸을 부순다는 것은 곧 죽음을 의미하지요. 죽을 수도 있을 만큼 위험한 일에 힘을 다해 노력하거나, 남을 위해 수고를 마다하지 않는 모습을 일컬어 분골쇄신이라고 해요.

교과서 국어 5학년 1학기(가) 2단원 작품을 감상해요 - 유관순

단심가에 담긴 마음

"이 몸이 죽고 죽어 일백 번 고쳐 죽어
백골이 진토 되어 넋이라도 있고 없고
임 향한 일편단심이야 가실 줄이 있으랴."

고려의 충신 정몽주가 쓴 〈단심가〉라는 시예요. 고려를 무너뜨리고 조선을 세우려는 이성계와 이방원에 맞서 고려를 지키려 했던 정몽주는 고려에 대한 충성심을 시에 담았어요. '백골이 진토 되어'라는 구절은 '뼈가 가루가 되어'라는 뜻으로 죽음을 뜻해요. 분골쇄신의 마음으로, 죽어도 고려에 대한 충성심을 버릴 수 없다는 기개를 느낄 수 있어요.

유관순의 분골쇄신

유관순이 서울 이화 학당에서 공부하던 1919년 3월 1일, 탑골 공원을 중심으로 독립 만세 운동이 일어났어요. 유관순도 친구들과 함께 이 만세 운동에 참가했지요. 이 일로 일본은 학교 문을 닫았고 유관순은 고향 천안으로 내려와 독립 만세 운동을 계획했어요. 유관순은 1919년 4월 1일, 아우내 장터에서 여러 사람과 함께 독립 만세를 외쳤어요. 이날 일본 헌병의 총칼에 많은 사람이 죽거나 다쳤고, 유관순은 잡혀가 온갖 고문에 시달렸어요. 하지만 나라의 독립을 향한 뜻을 절대 굽히지 않았지요. 나라를 구하려 분골쇄신하는 마음으로 독립 만세를 부른 유관순은 열여덟 나이에 감옥에서 숨을 거두었어요.

비슷한말

살신성인 殺身成仁
자신의 몸을 희생해서 옳은 일을 이룬다는 말.

생각해 보자!

유관순처럼 우리나라를 위해 분골쇄신 노력한 사람은 또 누가 있을까요?

 북한 개성에 있는 고려 시대의 다리 선죽교는 1392년 정몽주가 죽임 당한 장소로 유명해요. 원래 이름은 선지교였는데 정몽주가 죽던 날 밤에 대나무가 자랐다고 해 선죽교가 되었어요.

의기양양

意氣揚揚
뜻 의 기운 기 오를 양 오를 양

뜻한 바를 이루어 만족한 마음이 얼굴에 가득 나타나다

의기양양은 뜻한 것을 이루어 매우 만족스럽고, 기뻐서 기분이 날아갈 듯한 상태를 뜻하는 말이에요. 스스로 훌륭하다고 여겨 으쓱대며 자만한 모습을 뜻하는 말로도 쓰인답니다.

교과서 국어 3학년 2학기(나) 9단원 작품 속 인물이 되어 – 대단한 줄다리기

마부의 태도

제나라의 안영은 나라에서 존경받는 재상이었어요. 하루는 안영이 수레를 타고 가는데 수레를 끄는 마부의 아내가 그 모습을 보았어요. 지체 높은 재상인 안영은 겸손하고 점잖아 보였는데 오히려 마부가 거들먹거리며 의기양양했지요. 그날 아내는 마부에게 말했어요. "안영께서는 키가 작아도 재상이 되어 무척 겸손해 보였어요. 그런데 당신은 큰 키에 마부로 일하고 있는데도 스스로 만족하고 있더군요." 이후 마부는 겸손하게 행동하게 되었어요. 마부의 태도가 변한 것을 보고 안영은 잘못을 깨닫고 고치는 것도 용기라며 그에게 벼슬을 주었답니다.

도깨비와 개암

옛날에 욕심 많은 형과 착한 아우가 살았어요. 어느 날 아우는 산에 장작을 구하러 갔다가 시간이 늦어 산속 빈집에서 깜박 잠이 들었지요. 그런데 그 집에 도깨비들이 나타나 요술 방망이를 두들기며 잔치를 벌였어요. 아우는 숨어 있다가 배가 고파 숲에서 주운 개암을 깨물었어요. "딱" 하는 큰 소리가 나자 도깨비들은 집이 무너진다며 도망쳤고, 아우는 요술 방망이를 주워 부자가 되었어요. 이 소식을 들은 형은 개암을 가득 챙겨서 의기양양하게 빈집으로 갔어요. 그리고 도깨비들이 나타나자 힘차게 개암을 깨물었지요. 그 소리에 도깨비들은 방망이 도둑이 왔다며 형을 실컷 때려 주었답니다.

왜저래?

저 마부는 자기가 재상인 줄 아나 봐.

같은 말

득의양양 得意揚揚
원하던 바를 이루어 매우 만족한 모습을 형용하는 말.

생각해 보자!

의기양양한 기분을 느껴 본 적 있나요? 어떤 일 때문이었는지 떠올려 봅시다.

 재상은 국왕을 보필하는 최고 정치 담당자를 부르던 칭호예요. 제나라 재상 안영은 삼대의 군주를 섬길 만큼 능력을 인정받았답니다. 백성의 생활에도 많은 관심을 가져 사랑을 받았어요.

가화만사성

家和萬事成
집 가 | 화할 화 | 일만 만 | 일 사 | 이룰 성

집안이 화목하면 모든 일이 잘 풀린다

가족과 다툰 후에 밖에 나가면 마음이 불편해 다른 일이 손에 안 잡히지요. 집안이 화목해야 다른 일도 잘 풀린답니다. 사회를 이루는 가족이 평안해야 모든 일이 잘 풀리고 나라가 평안해요.

| 교과서 | 도덕 3학년 3단원 사랑이 가득한 우리 집 |

가장 중요한 가치, 가정

《명심보감》의 한 구절인 '자효쌍친락 가화만사성'(子孝雙親樂 家和萬事成)은 자식이 효도하면 어버이가 즐겁고, 집안이 화목하면 만사가 이루어진다는 뜻이에요. 예부터 가정의 화목은 가정에 가장 핵심적인 요소이자 사회생활의 근본으로 중시되었어요. 유교 경전《대학》에는 '수신제가 치국평천하'(修身齊家 治國平天下)라는 말이 있는데요. 자기 몸을 바르게 가다듬은 후 가정을 돌보고, 그 후 나라를 다스리며, 그런 다음 천하를 경영해야 한다는 의미예요. 나라를 다스리고 천하를 경영하기 전에 가정을 먼저 돌봐야 한다는 뜻이랍니다.

효부 며느리

가난하지만 시부모님을 정성으로 모시는 며느리가 살았어요. 시부모 끼니를 꼬박꼬박 챙겼지만 본인은 굶는 날이 많았지요. 어느 날 부엌 아궁이 불씨가 꺼져 이웃집에서 불씨를 빌려 왔는데 이상하게 계속 불씨가 꺼졌어요. 누구 짓인지 숨어 지켜보자 한 아이가 나타나 아궁이에 오줌을 누고는 산속으로 뛰어갔지요. 아이를 따라간 며느리는 깜짝 놀랐어요. 산삼이 가득했거든요. 그때 한 노인이 나타나 "네 효성에 감동해 산삼을 주니 효도하며 살거라."라고 말했어요. 식구들이 화목하게 지내니, 가화만사성이란 말처럼 모든 일이 잘 풀려 복 받은 것이지요.

나라를 다스리고 천하를 경영하는 것보다 먼저 가정을 돌보는 게 중요하오.

수신제가 치국평천하

비슷한말

가화만사흥 家和萬事興
집안이 화목하면 모든 일이 흥함.

생각해 보자!

화목한 가정을 만들기 위해 할 수 있는 일은 무엇일까요? 생각해 보고 실천해 봅시다.

 소문만복래(笑門萬福來)는 가화만사성과 함께 자주 쓰여요. 이 말은 웃으면 모든 어려움이 웃음과 함께 사라지고 기쁜 일이 찾아오게 된다는 뜻이랍니다.

부화뇌동

附和雷同
붙을 부 화할 화 우레 뇌 같이할 동

주관 없이 다른 사람의 의견이나 생각에 흔들려 따라가다

우레(천둥)가 칠 때 온 세상이 울리는 것 같은 느낌을 받은 적 있나요? 이처럼 뚜렷한 주관 없이, 다른 사람의 의견이나 생각에 흔들려 함께 따라가는 것을 부화뇌동이라 해요.

| 교과서 | 국어 4학년 2학기(나) 8단원 생각하며 읽어요 – 당나귀를 팔러 간 아버지와 아들 |

군자와 소인의 차이

공자는 《논어》에서 "군자는 화합하지만 부화뇌동하지 않고, 소인은 부화뇌동하지만 화합하지 않는다."라고 말했어요. 부화뇌동하느냐 안 하느냐에 따라 군자와 소인을 나누지요. 부화뇌동은 다른 사람의 말을 듣고 옳고 그름을 판단하지 않고 무조건 따르는 것을 말해요. 자신의 뚜렷한 의견이 없는 사람이라면 부화뇌동하기 쉽겠지요.

아버지와 아들

무더운 여름날, 아버지와 아들이 당나귀를 팔러 나섰어요. 당나귀 고삐를 잡고 걸어가는데 지나가던 사람이 말했어요. "아들이 힘들어 보이는데 태우고 가지 그래요." 아버지는 그 말을 듣고 아들을 태웠지요. 또 다른 사람이 말했어요. "아비는 걸어가는데 아들은 타고 가고, 버릇이 없군." 이번엔 아버지도 당나귀에 탔어요. 그러자 누군가 "이 더위에 당나귀가 두 사람이나 태우고 가다니 불쌍하구려."라고 했지요. 결국 장대에 당나귀를 묶어 들고 개울을 건너는데 사람들이 비웃으며 말했어요. "당나귀를 타고 가야지. 왜 들고 가시오?" 순간 지친 아들이 장대를 놓치고 말았어요. 당나귀는 개울에 빠져 떠내려갔지요. 부화뇌동하다 당나귀만 잃고 말았답니다.

비슷한말

여진여퇴 旅進旅退
함께 나아가고 함께 물러선다는 뜻으로, 자기 의견 없이 남의 의견을 따르는 것을 이르는 말.

생각해 보자!

주관 없이 다른 사람의 의견을 따라 부화뇌동한 경험이 있나요? 어떤 결과가 일어났는지 떠올려 봅시다.

 공자는 사람을 군자와 소인으로 나누어 이야기했어요. 공자는 "군자는 의에 밝고 소인은 이익에 밝으며, 군자는 조화를 이루지만 소인은 편을 나눈다."라고 했어요.

칠전팔기

七顚八起
일곱 칠 넘어질 전 여덟 팔 일어날 기

실패와 고난에 굴하지 않는 불굴의 의지

실패해 본 경험이 있나요? 실패했을 때 다시 용기를 내어 일어나려면 굳은 의지가 필요하지요. 많은 실패와 고난에도 굴하지 않고 다시 일어나는 불굴의 의지를 가리켜 칠전팔기라고 해요.

| 교과서 | 국어 2학년 1학기(나) 8단원 마음을 짐작해요 – 자전거 타기 성공 |

에디슨에게 실패란

천재 발명가 에디슨은 영사기와 축전지 등 1,000개가 넘는 발명품을 세상에 내놓았어요. 하지만 에디슨에게도 발명이 쉬운 일만은 아니었지요. "천재는 1퍼센트의 영감과 99퍼센트의 땀으로 만들어진다."라는 그의 말처럼 수많은 실패와 좌절을 겪었어요. 축전지를 만들 때 25,000번의 실패를 경험한 에디슨은 말했어요. "25,000번을 실패한 것이 아니라 건전지가 작동하지 않는 방법을 25,000가지 안 것이다." 실패에 굴하지 않고 칠전팔기로 노력한 에디슨은 지금까지 위대한 발명가로 존경받고 있답니다.

노인과 바다

드넓은 바다에서 조각배를 타고 고기잡이를 하는 노인이 있었어요. 노쇠한 그는 몇 달 동안 한 마리도 잡지 못했지요. 그러던 어느 날 노인의 낚싯바늘에 배보다 큰 청새치가 걸렸어요. 청새치를 잡기는 쉽지 않았지만, 노인은 포기하지 않고 있는 힘을 다해 청새치의 심장에 작살을 꽂았어요. 청새치를 잡은 노인이 항구를 향해 가는데 청새치의 피 냄새를 맡은 상어가 나타났어요. 노인은 상어와 사투를 벌이며 말했지요. "사람은 파멸할 수는 있어도 패배하지는 않는다." 칠전팔기의 정신으로 끝까지 싸운 노인은, 비록 뼈만 남은 청새치였지만 청새치와 함께 항구로 돌아왔답니다.

반대말

자포자기 自暴自棄
절망에 빠져 자신을 스스로 포기하고 돌아보지 아니함.

생각해 보자!

칠전팔기의 자세로 무언가를 이루어 본 경험이 있나요? 무언가를 이루려면 어떤 마음가짐이 필요한지 생각해 봅시다.

 《노인과 바다》를 쓴 미국 소설가 헤밍웨이는 이 작품으로 퓰리처상과 노벨 문학상을 수상했어요. 《무기여 잘 있거라》, 《누구를 위하여 종은 울리나》 등의 유명한 작품도 있어요.

마이동풍

馬耳東風
말 마 · 귀 이 · 동녘 동 · 바람 풍

남의 말을 귀담아듣지 않고 흘려버리다

잔소리가 듣기 싫어서 딴생각하며 흘려들은 경험이 있나요? 봄바람이 귀를 스쳐도 아무런 감흥이 없는 말처럼 남의 의견을 듣지 않거나 전혀 관심이 없는 것을 마이동풍이라고 해요.

| 교과서 | 국어 활동 3학년 1학기 3단원 알맞은 높임 표현 – 반말 왕자님 |

봄바람이 말의 귀를 스쳐 가듯

"세상 사람들이 이것을 듣고 모두 머리를 내저어, 마치 봄바람이 말의 귀를 스쳐 가는 것 같구나."

당나라 시인 이백의 시 한 구절이에요. 이백은 이 시에서 무인을 숭상하고 문인은 알아주지 않는 당시 당나라의 세태를 말했어요. 작은 공에도 존경받고 대접받는 무인에 비해, 문인은 아무리 뛰어난 작품을 써도 세상 사람들이 관심이 없다는 것이에요. 이백은 사람들의 문학에 대한 무관심을 "봄바람이 말의 귀를 스쳐 가는 것 같구나."라고 표현했어요.

억울한 죽음

조선 시대에 남한산성을 축성하는 공사의 담당자였던 이회는 성벽을 튼튼하게 쌓기 위해 밤낮으로 노력했어요. 이회는 나라에서 준 공사비가 부족하자 자신의 집을 팔아서 공사비를 마련할 정도로 최선을 다했지요. 그런데 기초 공사를 튼튼히 하다 보니 공사 완성 날짜를 지키지 못했어요. 그러자 그를 시기한 무리가 책임자인 이서를 찾아가 거짓말을 했답니다. 이회가 성도 엉망으로 짓고, 공사비도 흥청망청 다 썼다고 말이에요. 이회는 자신의 억울함을 호소했지만 이서의 귀에는 마이동풍이었어요. 결국 이회는 처형당했고, 그 후 이서가 성에 가 보니 빈틈없이 튼튼하게 잘 지어져 있었어요. 이서는 자신의 경솔함을 후회했답니다.

비슷한말

우이독경 牛耳讀經
쇠귀에 경 읽기란 뜻으로, 우둔한 사람은 아무리 가르치고 일러 주어도 알아듣지 못함.

생각해 보자!

친구가 내 말을 들은 척도 하지 않아 기분 나빴던 적 있나요? 이백의 마음을 생각해 봅시다.

 경기도 광주의 남한산성에는 청량당과 매바위가 있어요. 청량당은 억울하게 죽은 이회 장군을 모신 사당이고, 매바위는 이회가 죽을 때 그의 목에서 나온 매가 앉았던 바위라고 해요.

유유상종

類類相從
무리 유 　 무리 유 　 서로 상 　 좇을 종

비슷한 사람이 끼리끼리 모여 사귀다

책을 좋아하는 친구, 노는 것을 좋아하는 친구는 따로 어울려 놀기 마련이지요. 비슷한 성향을 가진 사람끼리 서로 사귀고 모이는 모습을 뜻하는 말이에요.

| 교과서 | 국어 활동 4학년 1학기 1단원 생각과 느낌을 나누어요 – 할아버지오-보청기 |

인재도 끼리끼리

제나라 선왕은 순우곤에게 지방에서 인재를 찾아 등용하라고 했어요. 며칠 후 순우곤이 일곱 명의 인재를 데리고 나타나자 선왕이 말했어요. "귀한 인재를 한 번에 일곱 명씩이나 데려오다니…. 어떻게 찾았나?" 순우곤이 자신만만하게 답했어요. "같은 종의 새가 무리 지어 살 듯, 인재도 끼리끼리 모입니다. 제가 인재를 모으는 것은 강에서 물을 구하는 것과 같습니다." 유유상종으로 인재들을 한번에 데려오는 것은 어려운 일이 아니라는 뜻이랍니다.

두더지 딸 신랑감 찾기

두더지가 세상에서 가장 힘센 사위를 찾기 위해 땅 위로 올라왔어요. 강렬한 햇빛에 놀란 두더지는 해에게 사위가 되어 달라 했어요. 구름이 해를 가리자 이번에는 구름에게 사위가 되어 달라고 했지요. 그런데 바람이 구름을 날려 버리자 바람에게 사위가 되어 달라고 했어요. 이번엔 거센 바람에도 끄떡없는 돌부처를 보고 사위가 되어 달라 했지요. 갑자기 돌부처가 움직였어요. 돌부처 밑에서 두더지 총각이 땅을 파고 있었지요. 두더지는 세상에서 가장 힘이 센 두더지 총각에게 사위가 되어 달라고 했어요. 유유상종, 두더지끼리 결혼해 행복하게 살았답니다.

비슷한말

동병상련 同病相憐
같은 병을 앓는 사람끼리 서로 가엾게 여긴다는 뜻으로, 어려운 처지인 사람끼리 서로 가엾게 여김을 이르는 말.

비슷한 속담

가재는 게 편이다
모양이나 형편이 서로 비슷하고 인연이 있는 것끼리 서로 잘 어울리고, 사정을 보아주며 감싸 주기 쉬움을 비유적으로 이르는 말.

초록은 동색이다
풀색과 녹색은 같은 색이라는 뜻으로, 처지가 같은 사람들끼리 한패가 되는 경우를 비유적으로 이르는 말.

생각해 보자!

친구들을 떠올려 보세요. 유유상종인가요? 친구들과 어떤 점이 비슷한지 생각해 봅시다.

 김부식은 《삼국사기》에 "두더지가 방에 구멍을 뚫고 인심이 소란하니, 이런 징조를 보면 다시 일어서지 못할 겁니다."라고 했어요. 두더지가 방에 구멍을 뚫는 걸, 나라가 망할 조짐으로 봤답니다.

동분서주

東奔西走
동녘 동　달릴 분　서녘 서　달릴 주

생각할 겨를도 없이 바쁘게 다니다

동쪽으로 뛰어갔다가, 다시 서쪽으로 뛰어가는 모습을 상상해 보세요. 너무 바쁘거나 급해서 생각할 겨를도 없이 여기저기 왔다 갔다 뛰어다니는 걸 동분서주라고 해요.

| 교과서 | 국어 활동 2학년 2학기 11단원 실감 나게 표현해요 – 개미와 베짱이 |

3·1운동

3·1운동은 1919년 3월 1일, 일본의 식민지 지배에 저항해 온 민족이 함께한 항일 독립운동이에요. 독립운동 지도자들은 3월 1일을 거사 일로 잡고 독립 선언서를 전국에 배포하기 위해 동분서주했어요. 서울 종로 탑골공원에서 독립선언서를 낭독한 것을 시작으로, 도시에서 농촌으로, 국내에서 해외로까지 확산했습니다. 독립을 향한 우리 민족의 강렬한 의지를 전 세계에 드러낸 역사적 순간이었지요.

개미와 베짱이

여름날, 개미가 땀을 뻘뻘 흘리며 먹을 것을 나르느라 동분서주했어요. 베짱이가 그 모습을 보고 말했어요. "개미야, 이렇게 무더운 날에 왜 그렇게 일만 하니? 좀 놀면서 해." 그러자 개미가 답했어요. "지금은 먹을 것이 많지만 겨울이 되면 먹을 게 없거든. 겨울이 되기 전에 모아 두는 거야." 베짱이는 개미를 한심하다고 놀리며 노래 부르고 놀았어요. 여름이 가고 가을이 지나 찬바람이 부는 겨울이 왔어요. 그제야 베짱이는 먹을 것이 없어 당황했어요. 결국 베짱이는 개미를 찾아가 여름에 놀린 것을 사과하며 도움을 청했답니다. 착한 개미는 베짱이를 위해 음식을 준비해 주었어요.

비슷한말

동치서주 東馳西走
동쪽으로 달리고 서쪽으로 달린다는 뜻으로, 이리저리 몹시 바쁘게 돌아다님을 뜻하는 말.

생각해 보자!

동분서주해 본 경험이 있나요? 어떤 이유로 동분서주했는지 경험을 떠올려 봅시다.

 3·1운동은 제1차 세계 대전 후 식민지에서 최초로 일어난 대규모 독립운동이에요. 중국의 5·4운동, 인도의 비폭력 투쟁, 대만과 인도네시아의 독립운동 등 다른 나라의 독립운동에도 큰 영향을 끼쳤어요.

집소성대

集 小 成 大
모을 집 작을 소 이룰 성 큰 대

작은 것이 모여 큰일을 이룬다

여럿이 힘을 합하면 작은 힘으로도 큰 도움을 줄 수 있다는 뜻입니다. 너무 작아 보잘 것 없어 보이는 개인의 노력이라도 함께 합쳐지면 큰 힘을 낼 수 있습니다.

교과서 도덕 4학년 4단원 힘과 마음을 모아서-1백만 명의 기적

백만 명의 기적

2007년 겨울, 충남 태안 앞바다에서 유조선과 기중기가 충돌하는 사고로 유조선에서 엄청난 양의 기름이 바다로 흘러나왔어요. 바다는 순식간에 기름으로 얼룩지고 말았지요. 사람들은 광활한 바다의 오염을 사람의 힘으로 해결할 수 없을 거라며 절망했어요. 그런데 전국 각지에서 수많은 사람이 모여 함께 기름을 제거하기 시작했어요. 백만 명의 노력으로, 결코 깨끗해질 것 같지 않던 바다가 빠르게 회복되어 갔어요. 집소성대의 기적이었지요.

팥죽 할머니와 호랑이

옛날 어느 산골에 호랑이가 나타나 밭을 매던 할머니를 잡아먹으려 했어요. 할머니는 동짓날 팥죽을 먹고 잡아먹으라고 했지요. 어느덧 동짓날이 되어 할머니는 팥죽을 쑤었어요. 호랑이는 팥죽을 먹으러 아궁이로 갔어요. 그런데 갑자기 뜨거운 알밤이 아궁이에서 튀어나와 호랑이 눈을 쳤고, 벌겋게 데인 눈을 식히려고 물 항아리에 앞발을 넣자 물속에 있던 자라가 발을 덥석 물었어요. 아파서 날뛰던 호랑이는 그만 쇠똥을 밟고 벌러덩 미끄러져 송곳에 엉덩이를 쿡 찔리고 말았어요. 놀라서 버둥거리는 호랑이를 멍석이 나서서 둘둘 말았죠. 지게가 멍석이 잡은 호랑이를 짊어지고 우물 속으로 풍덩 뛰어들었어요. 각자의 작은 힘을 모아 할머니를 구했어요. 집소성대의 힘이지요.

비슷한 속담

백지장도 맞들면 낫다
아무리 쉬운 일도 함께 힘을 합하면 훨씬 좋다는 뜻.

생각해 보자!

혼자 하기 힘든 일을 여럿이 함께 이룬 적 있나요? 주변에 힘을 더해 도울 일이 없는지 생각해 봅시다.

 우리나라에는 예로부터 힘든 일에 함께 힘을 합치는 두레라는 풍습이 있었어요. 모내기, 김매기, 벼 베기 등 힘겨운 농사일을 같이 하며 기쁨과 슬픔도 함께해 각별한 정을 나눴다고 해요.

동병상련

同病相憐
같을 동 · 병 병 · 서로 상 · 불쌍히 여길 련

비슷한 처지에 있는 사람을 이해하는 마음

숙제 때문에 괴로운 마음은 누가 제일 잘 알까요? 똑같이 숙제 때문에 괴로운 친구겠지요. 자신과 비슷한 처지인 사람은 더 쉽게 이해할 수 있어요. 비슷한 처지의 사람을 이해하는 마음이 동병상련이에요.

교과서 국어 4학년 1학기(가) 5단원 내가 만든 이야기 - 혹부리 영감

같은 아픔을 가지다

초나라 사람 오자서의 집안은 충신 가문이었어요. 어느 날 오자서의 아버지와 형이 누명을 쓰고 죽임을 당했어요. 슬픔에 빠진 충신 오자서는 오나라로 건너가 오나라 왕의 신임을 얻었어요. 그 무렵 오자서처럼 초나라 간신들의 손에 아버지를 잃은 백비가 오나라로 왔어요. 오자서는 동병상련을 느껴 백비를 왕에게 추천해 벼슬을 얻게 도와주었어요. 두 사람은 오나라 왕을 도와 오랜 원한을 풀었습니다.

혹부리 영감

옛날에 노래를 잘 부르는 혹부리 영감이 살았어요. 어느 날 산속에서 날이 저물자 빈집에 들어간 영감이 심심해서 노래를 불렀지요. 우연히 노래를 들은 도깨비들이 어떻게 노래를 잘하냐고 물었지요. 놀란 영감은 얼떨결에 노래가 혹에서 나온다고 했답니다. 도깨비들은 많은 보물을 주고 혹을 떼어 갔어요. 소식을 들은 이웃 혹부리 영감이 혹을 뗀 비결을 물었지요. 영감은 혹 때문에 불편한 이웃 영감에게 동병상련을 느껴 그 집을 알려 주었지요. 이웃 혹부리 영감이 그 집을 찾아가 노래를 부르자, 도깨비가 나타나 노래가 어디서 나오느냐고 물었어요. 영감이 혹에서 나온다고 하니 도깨비는 "한 번 속지 두 번 속을까?"라며 화를 내고는 혹을 하나 더 붙여 버렸어요. 혹 떼러 갔다 혹만 더 붙이고 말았답니다.

비슷한말

유유상종 類類相從
같은 무리끼리 서로 사귐.

초록동색 草綠同色
풀색과 녹색은 같은 색이라는 뜻으로, 처지가 같은 사람들끼리 한패가 되는 경우를 비유적으로 이르는 말.

생각해 보자!

비슷한 처지에 놓인 친구를 만난 적 있나요? 그 친구와 이야기할 때의 기분을 떠올려 봅시다.

 오자서가 동병상련의 마음으로 백비를 추천할 때, 주변에서는 백비가 좋은 사람이 아니라며 말렸어요. 후에 월나라에 매수된 백비는 오자서를 배신해 죽게 만들었어요.

은인자중

隱忍自重
숨을 은　참을 인　스스로 자　무거울 중

자신을 드러내지 않고 참으며 신중하게 행동하다

친구 중에 속마음을 말하지 않는 조용한 친구가 있나요? 이처럼 자신의 마음을 밖으로 드러내지 않고 참고 감추며 몸가짐을 신중하게 하는 것을 은인자중이라고 해요.

교과서 국어 2학년 2학기(가) 4단원 인물의 마음을 짐작해요 – 크록텔레 가족

선비들의 호

고려 말의 충신 세 사람은 호에 숨을 은(隱) 자가 들어간다는 공통점이 있어요. 포은 정몽주, 목은 이색, 야은 길재가 그들이지요. 이들처럼 옛 선비들은 '은' 자를 써서 호를 많이 만들었어요. 선비로서 자신을 감추고 참으며 살아야 한다고 생각했기 때문이지요. 고려가 멸망하는 순간에도 신하로서 두 임금을 섬길 수 없다며 고려에 대한 충성과 절개를 지킨 그들의 삶에서 은인자중의 모습을 볼 수 있어요.

두고도거지

정승 댁에 애지중지하는 귀한 아들이 있었어요. 어느 날 스님이 이 아들은 고생하지 않으면 일찍 죽을 것이라 말했어요. 정승 부부는 놀란 마음에 아들을 스님에게 맡겼어요. 스님은 정승 댁 아들을 집에 많은 것을 두고도 거지처럼 지낸다고 '두고도거지'라고 불렀습니다. 그는 절에서 살면서 밥하고 빨래하고 장작을 패는 등 힘든 일을 도맡아 했어요. 하루는 너무 힘들어 투덜대다 잠들었는데, 꿈에 저승사자가 나타나 앞으로 3년 동안 고생을 견디지 못하면 죽을 것이라고 했지요. 그 후 그는 부잣집 머슴으로 들어가 온갖 고생을 하면서, 집에 갈 날을 기대하며 은인자중했어요. 그렇게 3년이 지나고 저승사자가 꿈에 나타나 집에 가도 좋다고 말했고, 정승 댁 아들은 집으로 돌아가 행복하게 오래오래 살았답니다.

반대말

경거망동 輕擧妄動
가볍고 망령되게 행동한다는 뜻으로, 도리나 사정을 생각하지 아니하고 경솔하게 행동함.

생각해 보자!

주변에 은인자중하는 친구가 있나요? 그 친구의 평소 행동이 어떤지 생각해 봅시다.

 예로부터 사람들은 사람이 죽으면 이승을 떠나 저승으로 가게 된다고 생각했어요. 죽은 사람을 저승으로 데리고 가는 자가 저승사자예요.

각골난망

刻骨難忘
새길 각 · 뼈 골 · 어려울 난 · 잊을 망

은혜를 입은 고마움이 뼈에 깊이 새겨져 잊히지 않는다

여러분이 필요할 때 누군가 도움을 주면 기억에 오래 남지요. 아무리 시간이 지나도 고마움을 잊지 않고 보답하고 싶은 마음을 표현하는 말에는 무엇이 있을까요?

| 교과서 | 국어 1학년 1학기(나) 8단원 소리 내어 또박또박 읽어요 – 흥부 놀부 |

미안한 마음과 감사의 마음을 전합니다

2018년, 한 할아버지의 편지가 화제가 되었어요. 할아버지는 1980년, 울릉도에 가려고 삼척에 들렀는데 궂은 날씨 탓에 생각보다 길게 머무르게 되었어요. 그리고 날씨가 좋아져서 떠나려고 보니 돈이 떨어져 묵었던 여관 주인에게 차비를 빌렸지요. 할아버지는 흔쾌히 돈을 빌려 준 여관 주인이 고마워 곧바로 돈을 보내려 했는데, 주소를 적은 쪽지를 잃어버리고 말았어요. 그런데 38년 후, 오래된 일기장을 보다가 그 주소를 발견했어요. 할아버지는 바로 당시 갚지 못한 돈과 감사 편지를 함께 보냈어요. 오랜 시간이 지난 후에도 고마움을 잊지 않았던 거죠.

호랑이의 보은

옛날에 홀어머니와 사는 가난한 총각이 있었어요. 하루는 산에서 고통스러워하는 호랑이를 보았어요. 가만 보니 호랑이 입속에 가늘고 긴 비녀가 꽂혀 있었지요. 총각은 얼른 비녀를 빼 주었어요. 그러자 호랑이는 총각에게 경치 좋은 명당자리를 알려 주고, 부잣집 처녀와 결혼하게 해 주었어요. 호랑이는 자신을 구해 준 총각이 고마워서 무엇이든 해 주고 싶어 했죠. 은혜를 갚은 호랑이 덕에 총각의 집안은 대대로 높은 벼슬을 하며 잘살게 되었답니다.

비슷한말

결초보은 結草報恩
풀을 묶어 은혜를 갚는다는 뜻으로, 죽어서도 잊지 않고 갚는다는 말.

생각해 보자!

비슷한 처지에 놓인 친구를 만난 적 있나요? 그 친구와 이야기할 때의 기분을 떠올려 봅시다.

 예부터 조상의 묘나 집터를 좋은 자리에 잡으면 후손이 잘된다는 말이 있어요. 땅의 기운을 점쳐 명당(明堂)을 찾아내는 '지관'(地官)이라는 전문 직업도 있답니다.

백면서생

白面書生
흰 백 · 얼굴 면 · 글 서 · 날 생

글만 읽고 살아 세상 물정을 모르는 사람

수영을 책으로만 배우면 잘할 수 있을까요? 직접 물에 들어가 경험하는 것이 중요하지요. 백면서생은 직접 경험하지 않고 오로지 글만 읽어, 세상 물정에 어둡고 경험이 없는 사람을 일컫는 말이에요.

| 교과서 | 사회 5학년 2학기 1단원 옛사람들의 삶과 문화 – 민족 문화를 지켜 나간 조선 |

전쟁은 무관에게

남북조 시대 송나라 왕은 전쟁을 앞두고 문신들과 그 방법을 논의했어요. 무관 심경지는, 지금은 공격할 때가 아니라며 말했어요. "밭갈이는 종에게, 베짜기는 하녀에게 물어야 합니다. 적국을 공격하면서 백면서생과 도모하면 어찌 적을 이길 수 있겠습니까."

그러나 왕은 문신들의 뜻에 따라 적을 공격했고 크게 패했어요. 심경지의 말에서 유래한 백면서생이란, 집 안에서 책만 읽어 얼굴이 창백한 문신들을 가리켜요. 전혀 경험이 없는 사람을 비꼬아서 하는 말이에요.

양반전

어느 마을에 할 줄 아는 게 글 읽는 것뿐인 양반이 살았어요. 글만 읽는 백면서생이었지요. 그는 쌀을 꿔다 먹었는데, 빚이 쌓이기만 하고 갚지 못해 결국 관아에 잡혀갈 위기에 놓였어요. 소식을 들은 상민 출신의 부자가 빚진 쌀을 갚아 주는 대신 양반이라는 신분을 사겠다고 했어요. 마을 군수가 양반 매매 증서를 만들어 양반의 권리를 말해 주었어요. "돈을 만지지 말고, 버선을 벗지 말고, 강제로 이웃의 소를 끌어다 자기 땅을 먼저 갈고…" 부자는 도둑놈이 되라는 것이냐며 양반이 되기를 거부했답니다.

비슷한말

책상물림(우리말)
책상 앞에 앉아 글공부만 하느라 세상일을 잘 모르는 사람을 낮추어 이르는 말. 물림은 같은 직종이나 생활을 오래 하다가 물러난 사람을 가리킴.

생각해 보자!
책을 통해서만 배운 무언가에 실제로 도전해 본 적 있나요? 그때 어땠는지 떠올려 봅시다.

 《양반전》은 조선 후기 박지원이 창작한 한문 소설로 당시 사회상을 엿볼 수 있는 작품이에요. 박지원은 양반과 평민으로 나눠지는 신분 제도와 양반의 허례허식을 날카롭게 풍자했어요.

갑론을박

甲論乙駁
아무개 갑 논의할 론 아무개 을 논박할 박

갑이 주장을 하면 을이 반박을 하다

친구들과 대화를 하다 보면 서로 의견이 다를 때가 있죠. 서로 자기주장을 내세우며 상대편 주장을 반박하는 것을 갑론을박한다고 해요.

| 교과서 | 국어 3학년 1학기 8단원 의견이 있어요 – 오성과 한음 |

제각각 다른 삼 형제의 주장

바닷가에서 고기잡이를 하던 삼 형제가 하늘을 날아가는 새를 보았어요. 첫째는 잡아서 삶아 먹자고 하고, 둘째는 구워 먹자고 하고, 셋째는 끓는 물에 데쳐 먹자고 했어요. 삼 형제가 서로 자기 생각이 맞다 우기는 갑론을박이 계속되자 해결책을 얻으려고 고을 원님을 찾아갔어요. 이야기를 들은 원님은 일단 새를 잡아오라 했는데 그사이 새는 멀리 날아가 버리고 말았어요. 결국 삼 형제는 새를 어떤 방법으로도 먹을 수 없게 되었답니다.

오성과 감나무

오성의 집 마당에 있는 감나무가 크게 자라 담 너머 권율 대감 댁까지 뻗어 있었어요. 오성이 그 담 너머 있는 감을 따려고 하자 옆집 하인이 왜 자기네 감을 따느냐고 화를 냈어요. 오성이 우리 감나무니 딴다고 말하자 하인은 가지가 넘어왔기 때문에 자기네 것이라고 우겼어요.

갑론을박이 계속되자 오성은 옆집 대감을 찾아가 방문에 주먹을 찔러 넣으며 "이 주먹이 누구 주먹입니까?" 물었어요. 대감이 "네 주먹이지."라고 말하자 오성은 대감에게 하인의 말을 전했고, 대감은 오성에게 사과했어요. 그 후 오성은 감을 신나게 따 먹었답니다.

비슷한말

설왕설래 說往說來
서로 변론을 주고받으며 옥신각신하다. 말이 오그 가다.

생각해 보자!

만약 여러분이 오성의 상황이었다면 어떤 논리로 상대방을 설득했을지 생각해 봅시다.

 일반적인 사람을 나타낼 때 갑(甲), 을(乙)로 표현하고, 순서나 우열을 나타낼 때 갑은 첫째, 을은 둘째를 이르는 말로 쓰입니다. 예로 갑남을녀(甲男乙女)는 '갑이란 남자와 을이란 여자'라는 뜻으로, 평범한 사람들을 이르는 말입니다.

대경실색

大驚失色
큰 대 · 놀랄 경 · 잃을 실 · 빛 색

얼굴이 하얗게 질릴 정도로 깜짝 놀라다

동화 속 등장인물이 너무 놀랐을 때 '얼굴이 하얗게 질렸다.'라는 표현을 씁니다. 너무 놀라 얼굴이 하얗게 변하는 게 바로 대경실색이에요.

교과서 국어 5학년 1학기(가) 2단원 작품을 감상해요 - 덕실이가 말을 해요

율곡 이이와 나도 밤나무 이야기

율곡이 아기였을 때, 한 스님이 신사임당에게 말했어요. 큰 인물이 될 아기인데 세 살 때 호랑이에게 당할 운이라고요. 스님은 집 뒤에 밤나무 백 그루를 심어야 호랑이를 막을 수 있다고 했어요. 율곡이 세 살이 되자 정말로 호랑이가 나타나 아이를 데려가려 했어요. 대경실색한 신사임당이 집 뒤에 밤나무 백 그루가 있다고 말했지요. 그런데 세어 보니 아흔아홉 그루밖에 없었어요. 밤새 한 그루가 말라죽은 것이었지요. 그때 다른 나무 한 그루가 "나도 밤나무요."라고 외치며 백 그루를 채웠어요. 그러자 호랑이는 사라졌지요. "나도 밤나무!"라고 외친 나무는 밤나무는 아니지만 밤나무와 똑같이 생겼답니다.

호랑이와 곶감

어느 날 밤, 먹이를 찾던 호랑이가 우는 아이를 달래는 소리를 듣게 됐어요. 엄마가 "호랑이 왔다. 울지 마라." 해도 계속 울던 아이가 "곶감 줄게." 하자 금세 울음을 멈췄지요. 그 소리를 듣고 호랑이는 곶감이 자기보다 무서운 놈이라 생각했죠. 바로 그때, 소도둑이 소를 훔치러 왔다가 소인 줄 알고 호랑이 등에 올라탔어요. 호랑이는 등 위에 탄 놈이 '곶감'인 줄 알고 대경실색해 있는 힘을 다해 달아났지요. 날이 밝아 오자, 도둑은 자신이 호랑이 등에 업혔다는 걸 알고 달아났답니다.

비슷한말

아연실색 啞然失色
뜻밖의 일에 얼굴빛이 변할 정도로 크게 놀람.

생각해 보자!

대경실색하여 얼굴빛이 하얗게 변할 만큼 놀라 본 적 있나요? 어떤 일이었는지 떠올려 봅시다.

 빛 색(色) 자는 안색을 뜻하기도 하지만 경국지색(傾國之色. 나라가 기울어져도 모를 정도의 미인)이나 천하일색(天下一色. 세상에 드문 뛰어난 미인)에서 미인이라는 뜻으로도 쓰여요.

허장성세

虛 張 聲 勢
빌 허 베풀 장 소리 성 기세 세

잘 알지도 못하면서 큰소리를 치다

약하면서 강한 척하고 모르면서 아는 척하는 사람을 보면 어떤가요? 허장성세란 실속은 없으면서 큰소리를 치거나 허세로 떠벌리는 것을 뜻하는 말이에요.

| 교과서 | 국어 1학년 1학기(나) 8단원 소리 내어 또박또박 읽어요 – 바람과 해님 |

수많은 깃발의 효과

진나라 장수 위주와 선진이 위나라의 성을 공격할 때 일이에요. 선진은 군사들에게 산이나 언덕을 지나갈 때마다 깃발을 꽂으라고 해서 숲에 많은 깃발이 나부끼게 했어요. 이를 보고 위주가 소리 없이 몰래 쳐들어가야 하는데 왜 깃발을 꽂아 적이 미리 방어하게 하냐고 묻자, 선진은 이 많은 깃발을 보고 위나라 백성들이 위압감을 느끼게 될 것이라고 답했어요. 위나라 백성들은 온 산과 언덕을 뒤덮은 진나라의 깃발을 보고 두려움에 떨며 달아났지요. 위나라 백성들이 진나라의 허장성세에 속았지요.

양초 도깨비

한 시골 양반이 서울에 갔다가 불을 붙이면 온 방 안이 환해지는 양초를 처음 봤어요. 신기해서 잔뜩 사 가지고 와 이웃에 나눠 주었지요. 사람들은 어찌 할지 몰라 훈장님께 물어보러 갔어요. 훈장은 모르는 티를 내기가 창피해 뱅어를 말린 것이라며 국을 끓여 먹으라고 했어요. 양초로 국을 끓여 먹으니 맛도 없을뿐더러 목도 쓰리고 아팠지요. 그때 양반이 훈장 집에 왔다가 양초 국을 먹는 사람들을 보고 깜짝 놀랐어요. 양반이 양초는 불을 붙이는 물건이라고 하자 허장성세를 떤 훈장은 얼굴이 빨개졌어요.

비슷한 속담

빈 수레가 요란하다
실속 없는 사람이 겉으로 더 떠들어 댐을 비유적으로 이르는 말.

생각해 보자!

모르는 것을 잘 아는 것처럼 허장성세를 부린 경험이 있나요? 왜 그랬는지 생각해 봅시다.

 《양초 도깨비》는 '어린이'라는 말을 만들고, 어린이들이 1년 중 제일 고대하는 '어린이날'을 만든 소파 방정환 선생이 쓴 창작 동화예요.

오매불망

寤寐不忘
깰 **오** 잠잘 **매** 아닐 **불** 잊을 **망**

누군가를 자나 깨나 잊지 못하다

밤에 잠이 오지 않아 뒤척여 본 경험이 있나요? 오매불망은 사랑하는 사람이 너무 그리워서 잠에 들지 못하거나, 근심 또는 생각이 많아 잠 못 드는 것을 비유하는 말이에요.

교과서 국어 4학년 1학기(나) 7단원 사전은 내 친구 – 수아의 봉사 활동

잠 못 드는 밤

"들쭉날쭉 행채풀 여기저기 구하고, 아리따운 아가씨 자나 깨나 찾네. 구해 봐도 못 구하여 자나 깨나 생각하니, 막연하기도 하여라. 이리저리 뒤척거리네."

《시경》에 실려 있는 시의 일부분이에요. 남녀 간의 사랑을 노래하고 있는 이 시에서 유래한 오매불망은 사랑하는 사람이 그리워 잠 못 들고 뒤척이는 것을 비유하는 말인데요. 요즘에는 근심이나 생각이 많아 잠 못 드는 것을 뜻하는 말로도 쓰인답니다.

선녀와 나무꾼

나무꾼이 나무를 베고 있는데 사냥꾼에게 쫓기는 사슴이 급히 뛰어왔어요. 나무꾼이 사슴을 숨겨 주자, 사슴은 보답으로 선녀들이 목욕하는 연못에 가서 날개옷 하나를 감추라고 말했어요. 하늘로 올라가지 못한 선녀와 결혼해 세 아이를 낳기 전까지 날개옷을 보여 주지 말라 했지요. 나무꾼은 아이 둘을 낳고 행복하게 살았어요. 어느 날 선녀가 날개옷을 보고 싶어 해서 나무꾼은 날개옷을 꺼내 주었어요. 그러자 선녀는 아이들과 함께 하늘로 날아가 버렸지요. 나무꾼은 아내와 자식들 생각에 오매불망 잠을 이루지 못했어요.

사랑하는 아내와 아이들이 보고 싶어 잠이 오지 않는구나.

비슷한말

전전반측 輾轉反側
누워서 몸을 이리저리 뒤척이며 잠을 이루지 못함.

생각해 보자!

누군가가 그립거나 걱정거리가 생겨 잠을 못 자고 뒤척인 경험이 있다면 떠올려 봅시다.

 옛날에는 땅을 파서 깨끗한 물이 고이게 만든 우물을 사용했어요. 우물에서 물을 떠먹으려면 줄을 길게 달아 우물물을 퍼 올리는 데 쓰는 두레박이 필요했지요.

초지일관

初志一貫
처음 초　뜻 지　한 일　꿸 관

처음에 세운 뜻을 이루려고 끝까지 밀고 나가다

목표를 이루기 위해 노력하는 과정에서 때로는 좌절을 경험하고 포기하고 싶어질 때가 있지요. 그럴 때 뜻을 굽히지 않고 끝까지 밀고 나가는 힘을 초지일관이라고 해요.

| 교과서 | 국어 6학년 1학기(가) 5단원 속담을 활용해요 – 우물을 파도 한 우물을 파라
국어 3학년 1학기 9단원 어떤 내용일까 – 나비 박사 석주명 |

공자의 초지일관

공자는 제자들에게 수많은 것을 배우고 공부했지만, 그 모든 것은 결국 하나로 꿰어진다며 '일이관지'(一以貫之)라 말했어요. 자신의 사상과 행동이 단 하나 '인'(仁)을 위한 것이라는 뜻으로 한 말인데요. '하나의 이치로 모든 것을 꿰뚫는다.'는 이 말은 오늘날 처음부터 끝까지 변함없이 지속하는 것을 뜻하는 말로 '초지일관'이나 '일관되다'로 쓰이고 있답니다.

나비 박사 석주명

동물을 좋아했던 석주명은 일본에서 동식물을 공부했어요. 일본인 선생님의 제안으로 나비에 관심을 두게 된 석주명은 조선으로 돌아와 나비 연구에 온 힘을 기울였어요. 산과 들로 나비를 쫓아다니며 채집해 분류하고 표본으로 만들고, 먹고 자는 시간도 아껴 가며 공부했지요. 그는 일본의 곤충 도감에서 800개가 넘는 엉터리 나비 이름을 찾아내는 등 잘못된 부분을 밝혀내 학계에 보고했어요. 또한 영국의 왕립 아시아학회로부터 '조선산 나비 총목록'의 집필을 의뢰받기도 했지요. 놀라운 그의 성과에 관해 물으면 석주명은 말했어요. "10년만 한 분야에 매달려 보세요. 남이 하지 않은 일을 골라 하면 반드시 뭔가 이룰 수 있을 것입니다." 초지일관 나비에 매달렸던 나비 박사 석주명은 지금도 최고의 나비 박사로 기억되고 있답니다.

비슷한말

시종일관 始終一貫
처음부터 끝까지 조금도 변함없이 한결같음을 뜻함.

생각해 보자!

어떤 일을 초지일관 노력해 본 적 있나요? 노력하고 싶은 일로 무엇이 있는지 생각해 봅시다.

 석주명은 10여 년 동안 전국을 돌며 나비를 찾아, 무려 75만 마리의 나비를 채집했어요. 그는 75만 마리의 나비를 일일이 분석해 한국 나비의 종류를 총 248종으로 분류했답니다.

토적성산

土 積 成 山
흙 토 / 쌓을 적 / 이룰 성 / 뫼 산

보잘것없는 것을 모아 큰 것을 이루다

무언가를 모아 본 적 있나요? 처음엔 한두 개로 시작하지만, 하나씩 모으다 보면 어느새 많아지지요. 적은 흙이라도 쌓이면 산이 되듯, 보잘것없는 것이라도 많이 모이면 큰 것이 된다는 뜻이에요.

교과서
도덕 6학년 6단원 함께 살아가는 지구촌 - 티끌 모아 태산
사회 6학년 2학기 2단원 통일 한국의 미래와 지구촌의 평화 - 그린피스

토적성산의 기적

지구촌 어딘가에는 많은 어린이가 음식이 없어 굶고, 약이 없어 병들어 가고 있어요. 그래서 국제 구호 단체들이 열악한 환경에 있는 어린이들을 돕기를 권하며 기부를 기다리고 있지요. 한 국제 구호 단체에서는 한 사람이 하루에 천 원씩 모아 한 달에 3만 원을 기부하면 한 생명을 구할 수 있다고 해요. 한 사람이 기부하는 돈은 한 달에 3만 원이지만, 전 세계의 많은 사람이 함께 기부한다면 천 명만 모여도 한 달에 3천만 원이라는 큰돈이 되지요. 기부는 토적성산처럼 적은 돈이 모여 큰돈이 되고, 그렇게 모인 돈으로 생명을 살리는 기적을 이룰 수 있답니다.

강수진의 발

토적성산은 매일매일 같은 일을 오래도록 꾸준히 하면 그 일을 잘하게 된다는 '1만 시간의 법칙'과도 뜻이 통해요. 한동안 세계적인 발레리나 강수진의 발 사진이 인터넷을 뜨겁게 달구었어요. 강수진의 발은 화려하고 아름다운 발레리나의 모습과는 달리, 붓고 찌그러진 볼품없는 모습이었어요. 강수진은 세계 최고의 발레리나가 되기까지 하루 19시간씩, 1년에 천여 켤레의 토슈즈가 닳아 버릴 정도로 연습을 했다고 해요. 뼈를 깎는 노력과 힘겨운 연습 시간의 토적성산이 결국 강수진을 자신의 분야에서 최고로 만들어 주었답니다.

비슷한말

진합태산 塵合泰山
티끌 모아 태산이라는 뜻.

생각해 보자!

저금통에 동전을 모아 본 적 있나요? 차곡차곡 조금씩 꾸준히 모아 토적성산을 경험해 봅시다.

 '1만 시간의 법칙'이란 어떤 분야의 전문가가 되기 위해서는 최소한 1만 시간의 훈련이 필요하다는 뜻이에요. 매일 3시간씩 훈련하면 약 10년, 하루 10시간씩 하면 3년이 걸리는 시간이지요.

개과천선

改過遷善
고칠 개　허물 과　옮길 천　착할 선

지난 잘못을 고쳐 착하게 바뀌다

자신의 잘못을 스스로 깨닫고, 고치기까지 하는 것은 쉬운 일이 아니지요. 그렇기 때문에 개과천선을 실천하는 것은 그만큼 어렵고도 의미 있는 일이랍니다.

교과서　국어 3학년 1학기 10단원 문학의 향기 – 만복이네 떡집
국어 활동 2학년 2학기 7단원 일이 일어난 차례를 살펴요 – 소가 된 게으름뱅이

주처의 개과천선

진나라 주처는 열 살 때 아버지가 돌아가신 후 방탕하게 살았어요. 다른 사람을 하도 때려서 마을 사람들은 그를 피해 다녔지요. 우연히 사람들이 호랑이와 용과 더불어 자신을 세 가지 해로운 것으로 여긴다는 것을 알게 된 주처는 목숨을 걸고 싸워 호랑이와 용을 없애 버렸어요. 그래도 여전히 사람들이 피하자, 주처는 그동안의 잘못을 깊이 깨달았어요. 한 학자가 그런 모습을 보고 "개과천선하려는 의지를 보니 자네의 앞날이 밝다."라며 격려해 주었어요. 주처는 학문과 덕을 쌓아 훌륭한 학자가 되었답니다.

소가 된 게으름뱅이

옛날에 먹고 놀기만 하는 게으름뱅이 아저씨가 살았어요. 하루는 소를 사 오겠다며 부인에게 돈을 받아 집을 나섰어요. 실컷 놀다 올 생각이었지요. 그런데 길에서 만난 한 노인이 소 탈을 써 보라 해서 썼는데 그만, 소로 변해 버리고 말았어요. 탈은 벗겨지지 않고, "음매" 소리만 났지요. 노인은 소가 된 아저씨를 다른 사람에게 팔면서 절대 무를 주지 말라고 했어요. 소가 된 아저씨는 매일 밭을 갈아야 했지요. 그러던 어느 날 무밭을 발견해 먹었더니 다시 사람이 되었어요. 아저씨는 개과천선하여 열심히 일했답니다.

비슷한말

개과자신 改過自新
잘못을 고치고 스스로 새로운 사람이 되었다는 뜻.

반대말

자과부지 自過不知
자신의 잘못을 알지 못한다는 뜻.

생각해 보자!

여러분이 알고 있는 동화 속 주인공 중에 개과천선하면 좋을 만한 사람은 누가 있을까요? 그 사람을 주인공으로 개과천선한 이야기를 만들어 보세요.

 경기도 용인의 '우명동'이라는 지명은 용인 지역 설화 〈소가 된 게으름뱅이〉 이야기에서 만들어졌대요. 소가 된 게으름뱅이가 시장으로 끌려가지 않으려고 우는 소리를 듣고 마을 사람들이 그 지역을 우명동이라고 불렀답니다.

십시일반

十 匙 一 飯
열 십 숟가락 시 한 일 밥 반

여럿이 작은 힘을 합쳐 큰 도움을 주다

열 사람이 자기 밥그릇에서 한 숟가락씩 덜어 낸 것을 모으면 밥 한 그릇이 나오겠지요. 여럿이 힘을 합하면 작은 힘으로도 큰 도움을 줄 수 있다는 뜻입니다.

| 교과서 | 도덕 6학년 6단원 함께 살아가는 지구촌 – 티끌 모아 태산
사회 6학년 2학기 2단원 통일 한국의 미래와 지구촌의 평화 – 그린피스 |

금 모으기 운동

1997년, 우리나라는 외환 위기를 맞게 되었어요. 외환은 다른 나라와 거래할 때 사용되는 화폐지요. 외환이 부족해지면 다른 나라와 무역이 어려워지기 때문에 한 나라의 경제 전체가 흔들려요. 결국 우리나라는 경제 위기를 벗어나기 위해 국제 통화 기금(IMF)과 다른 나라로부터 외화를 빌려서 다시 경제를 회복하기 위해 노력했어요. 이때 국민들이 한마음으로 나서 십시일반 금 모으기 운동을 했어요. 각자 집에 있는 금을 조금씩 가지고 와 함께 모았더니 엄청난 양이 되었고, 그 금을 수출해 받은 외화로 위기를 극복할 수 있었어요. 개인이 가져온 금의 양은 많지 않았지만, 그것이 모여서 나라 경제의 회복에 큰 힘이 되었답니다.

조금씩 모은 밥 한 그릇

절을 짓기 위해 일꾼들이 모였어요. 점심때 각자 싸 온 도시락을 먹었는데, 집이 가난해 밥을 싸 오지 못한 사람이 있었어요. 그에게 다른 일꾼들이 십시일반 밥을 한 숟가락씩 덜어 주었어요. 그러자 한 명이 먹을 만큼의 양이 되었지요. 이야기를 들은 부인이 자신의 머리카락을 팔아 다른 일꾼들에게 밥을 대접했어요. 일꾼들은 목이 메어 차마 먹지 못했다고 해요.

비슷한 속담

백지장도 맞들면 낫다
아무리 쉬운 일이라도 서로 힘을 합하면 훨씬 쉽다는 뜻.

생각해 보자!

십시일반으로 누군가를 도와준 경험이 있나요? 그런 도움이 필요한 사람이 없는지 생각해 봅시다.

 '십시일반'과 같은 뜻을 가진 속담으로 '열의 한술 밥이 한 그릇 푼푼하다.'라는 말이 있어요. 여기서 '푼푼하다'는 모자람이 없이 넉넉하다는 뜻의 우리말이랍니다.

죽마고우

竹 馬 故 友
대나무 죽 말 마 옛 고 벗 우

오랜 세월을 함께 보낸 친구

함께 대나무로 만든 말을 타던 옛 친구라는 말은 어릴 적 소꿉장난을 같이하며 자란 친구를 말해요. 죽마고우는 오랜 세월 친구로 지낸 만큼 표정만 보고도 서로의 생각을 알 수 있겠지요.

교과서 국어 활동 2학년 2학기 4단원 인물의 마음을 짐작해요 – 개구리와 두꺼비는 친구

소꿉친구 죽마고우

진나라 재상 환온이 조정에서 세력이 커지자, 황제 간문제는 이를 막으려고 환온의 죽마고우 은호를 불러들였어요. 결국 두 사람은 대립하게 되었지요. 그러던 중 은호가 군사를 이끌고 전투에 나가려다 말에서 떨어지는 사고를 당했고, 그 결과 전투에서 크게 패했어요. 환온은 은호에게 패배의 책임을 물어 시골로 귀양 보내며 말했어요. "은호는 어려서 나와 함께 죽마를 타고 놀던 친구다. 내가 죽마를 버리면 언제나 은호가 가지고 갔다. 그러니 은호가 내 밑에 있는 것은 당연한 것이다." 환온의 냉정한 처사에 은호는 귀양지에서 생을 마쳐야 했답니다.

윤동주와 송몽규

1917년에 태어난 동갑내기 사촌 윤동주와 송몽규는 한집에서 같이 놀고, 먹고, 책을 보던 죽마고우였어요. 조용한 윤동주와 활발한 송몽규는 서로 성격이 달랐지만, 함께 의지하면서 문학을 공부했지요. 송몽규는 18세에 신춘문예에 당선될 정도로 문학에 재능이 있었지만 독립운동에 몸을 담았고, 윤동주는 문학을 통해 자신의 생각을 표현했어요. 일본 유학을 하다 일본 경찰에 체포된 두 사람은 둘 다 감옥에서 세상을 떠나고 말았어요. 민족에 대한 충정을 가졌던 두 사람은 같은 해 태어나, 같은 해 세상을 떠나며 일평생 죽마고우로 함께했답니다.

속담 활용

죽마고우도 말 한 마디에 갈라진다 (북한 속담)
아무리 가까운 사이라도 말을 함부로 하면 서로의 사이가 벌어지게 된다는 뜻. 비록 한 마디의 말일지라도 조심하여야 한다는 말.

생각해 보자!

어릴 때부터 함께한 죽마고우는 누가 있는지 떠올려 봅시다. 어느 정도로 가까운 사이인가요?

 일제 강점기를 살아가던 청년 윤동주는 삶에 대한 고민과 조국의 암담함을 시를 통해 표현했어요. 〈서시〉, 〈별 헤는 밤〉 등 대부분의 시가 아직도 많은 사랑을 받고 있지요.

고사성어 따라 쓰기

이번 장에 나왔던 주요 고사성어의 의미를 떠올리며 한 글자씩 따라 써 보면서 의미를 되새겨 봅시다.

어	부	지	리

분	골	쇄	신

부	화	뇌	동

칠	전	팔	기

마	이	동	풍

유	유	상	종

| 동 | 병 | 상 | 련 |

| 각 | 골 | 난 | 망 |

| 갑 | 론 | 을 | 박 |

| 오 | 매 | 불 | 망 |

| 초 | 지 | 일 | 관 |

| 십 | 시 | 일 | 반 |

| 죽 | 마 | 고 | 우 |

대기만성

"큰사람이 되기 위해서는 많은 노력과 시간이 필요하다"

그릇을 만들 때 작은 그릇과 큰 그릇 중 어느 쪽이 더 시간이 오래 걸릴까요? 크기가 큰 만큼 큰 그릇이 더 오래 걸리겠죠? 큰 인물이 되려면 오랜 시간이 걸린다는 뜻입니다.

대기만성

大器晚成
큰 대 / 그릇 기 / 늦을 만 / 이룰 성

큰사람이 되기 위해서는 많은 노력과 시간이 필요하다

그릇을 만들 때 작은 그릇과 큰 그릇 중 어느 쪽이 더 시간이 오래 걸릴까요? 크기가 큰 만큼 큰 그릇이 더 오래 걸리겠죠? 큰 인물이 되려면 오랜 시간이 걸린다는 뜻입니다.

교과서 국어 6학년 1학기(나) 8단원 인물의 삶을 찾아서 – 제게 12척의 배가 있으니

큰사람이 되기 위한 노력과 시간

위나라에 최염이라는 이름난 장군이 있었어요. 그에게는 최림이라는 사촌 동생이 있었는데, 얼굴도 못생기고 출세가 늦어서 친척들한테 무시를 당했어요. 하지만 최염은 그의 재능을 꿰뚫어 보고 이렇게 말했어요. "큰 그릇은 쉽사리 만들어지는 것이 아니지. 큰 인물도 성공하기까지 오랜 시간이 걸리는 법이다. 너도 좌절하지 말고 열심히 노력하면 틀림없이 큰 인물이 될 것이다." 최염의 말대로 최림은 실력을 인정받아 황제를 모시는 훌륭한 신하가 되었어요.

늦게 빛을 발한 이순신의 삶

이순신은 관직에 오르기까지 많은 시간이 걸렸어요. 처음 시험을 본 게 스물여덟 살 때였는데, 말에서 떨어져 실격 당하고 말았죠. 이후 서른두 살에 합격했지만 그의 관직 생활은 평탄하지 않았어요. 파직과 승진을 반복하던 그는 마흔여덟 살에 임진왜란을 맞닥뜨렸어요. 이순신 장군은 옥포 해전부터 노량 해전까지 수많은 전투를 승리로 이끌었지요. 오랜 시간 차곡차곡 쌓아 온 실력이 뒤늦게 빛을 발해 대기만성했어요. 그는 최후의 순간까지 나라를 지키기 위해 애쓴 진정한 영웅으로 기억되고 있답니다.

큰 그릇을 만드는 데 오래 걸리듯 큰 인물이 되려고 오래 걸리는 것뿐이다.

비슷한말

마부작침 磨斧作針
도끼를 갈아 바늘을 만든다는 말로, 아무리 어려운 일이라도 꾸준히 노력하면 이룰 수 있다는 뜻.

생각해 보자!

짧은 시간에 잘하고 싶은 일이 있나요? 빨리하는 것보다 꾸준히 하면 잘하는 날이 올 거예요.

 이순신은 첫 무과 시험에서 말에서 떨어져 다리가 부러지자, 버드나무 가지를 꺾어 부러진 다리에 묶고 다시 말에 올라 시험을 마쳤어요. 포기하지 않는 이순신 장군의 끈기를 느낄 수 있지요.

청천벽력

青 天 霹 靂
푸를 청 하늘 천 벼락 벽 벼락 력

예상하지 못한 큰 사건이나 이변

맑은 하늘에 벼락이 치는 일은 흔한 일이 아니지요. 이처럼 전혀 예상하지 못한 순간에 갑자기 일어난 큰 사건이나 이변을 일컬어 청천벽력이라고 해요.

| 교과서 | 국어 4학년 2학기(나) 5단원 의견이 드러나게 글을 써요 – 목홧값을 누가 물어야 하나 |

벼락 같은 글솜씨

"방옹이 병으로 가을을 지내고 글을 쓰니, 오래 움츠렸던 용과 같이 푸른 하늘에 벼락을 치네."

옛 중국의 시인 육유의 시 중 일부분이에요. 병에 걸려 앓던 육유는 어느 날 병을 이겨 낸 것 같은 느낌을 받고 이 시를 썼어요. 그는 자신의 뛰어난 글솜씨를 가리켜 "푸른 하늘에 벼락을 치네."라고 표현했어요. 오늘날에는 전혀 예상하지 못한 순간에 갑자기 일어난 큰일을 뜻하는 말로 쓰인답니다.

견우와 직녀

하늘나라 임금에게는 베를 잘 짜는 직녀라는 딸이 있었어요. 하늘나라에는 성실하기로 소문난 목동 견우도 있었지요. 임금은 두 사람을 짝지어 주었어요. 사랑에 빠진 견우와 직녀는 매일 놀기만 했어요. 그러자 임금은 크게 노하여 벌을 내렸어요. 은하수를 가운데 두고 두 사람을 떨어트려 놓은 것이지요. 견우와 직녀에겐 청천벽력 같은 일이었어요. 임금은 두 사람에게 일 년에 한 번 칠월 칠석에만 만나라고 했어요. 그러나 그들은 은하수를 건널 수 없어 멀리서 애만 태워야 했지요. 그 모습을 본 까마귀와 까치들이 다리가 되어 주었지요. 두 사람은 까마귀와 까치 덕에 일 년에 한 번 만날 수 있게 되었답니다.

비슷한 속담

마른하늘에 날벼락
맑은 하늘에서 느닷없이 벼락이 친다는 말로, 뜻밖에 당하는 불행한 일이라는 뜻.

생각해 보자!

청천벽력 같은 말을 들어 본 적 있나요? 어떤 일이었는지 생각해 봅시다.

 음력 7월 7일을 칠석날이라고 해요. 까마귀와 까치가 만든 다리는 오작교라 해요. 이날 내리는 비는 견우와 직녀가 기뻐서 흘리는 눈물이고, 다음 날 오는 비는 이별의 눈물이라 한답니다.

선견지명

先 見 之 明
먼저 선 / 볼 견 / 갈 지 / 밝을 명

미래를 내다보는 지혜

미래를 알 수 있다면 어떨까요? 안 좋은 일이 일어난다는 것을 미리 알면 대처할 수 있으니 좋을 거예요. 지혜로운 사람은 현재의 상황으로 미래를 예측할 줄 알지요. 그런 지혜를 선견지명이라 해요.

| 교과서 | 국어 활동 2학년 2학기 1단원 장면을 떠올리며 – 춤추는 생쥐 |

이이의 선견지명

"오랫동안 태평하다 보니 군대와 식량이 모두 준비되어 있지 않아, 오랑캐가 변경을 소란하게만 하여도 온 나라가 술렁입니다. 지금대로라면 큰 적이 왔을 때 어떤 지혜로도 당해 낼 수 없을 것입니다."

1583년, 《선조실록》에 나오는 국방 책임자 이이가 왕에게 한 말이에요. 이이는 전쟁 준비를 해야 한다며 10만의 군사를 기르자고 주장했어요. 그러나 다른 신하들의 반대로 시행되지 못했지요. 그 후 1592년 일본군이 조선에 쳐들어왔어요. 조선 군대는 무참히 무너지고 말았지요. 이이의 선견지명이 받아들여졌다면 전쟁의 결과는 달라졌을지도 몰라요.

부인의 선견지명

의병장 김천일의 부인은 남편에게 내기 바둑에서 곡식을 따 와 그것을 가난한 이들에게 나누어 주라 했어요. 그리고 바가지를 만들어 검게 칠하고 같은 모양의 쇠 바가지도 준비했지요. 임진왜란이 일어나 의병을 모집하자 5천 명이 모였어요. 부인은 그들에게 검게 칠한 바가지를 차고 달리며, 쇠로 만든 바가지를 떨어뜨리라 했어요. 적들은 의병들이 무거운 쇠 바가지를 차고 달린다고 생각해 도망쳤어요. 나라에 생길 큰일에 대비한 선견지명이었지요.

비슷한말

천리안 千里眼
천 리 밖의 것을 볼 수 있는 안력(眼力)이라는 뜻으로, 사물을 꿰뚫어 볼 수 있는 뛰어난 관찰력을 비유적으로 이르는 말.

생각해 보자!

선견지명의 지혜를 가져 본 적이 있나요? 지금 상황에서 어떤 미래를 예측할 수 있을지 생각해 봅시다.

 1592년부터 1598년까지 일본군이 2차에 걸쳐서 우리나라에 침입했어요. 1차 침입이 임진년에 일어났으므로 임진왜란이라 부르며, 2차 침입은 정유년에 있었으므로 정유재란이라 해요.

망양보뢰

亡羊補牢
달아날 망 · 양 양 · 가울 보 · 우리 뢰

일을 그르친 뒤에 뉘우쳐도 소용이 없다

양의 우리가 고장 나 양들이 다 도망가 버린 후에는 우리를 고쳐도 양이 돌아오지 않겠지요. 이미 일을 그르친 뒤에는 뉘우쳐도 소용이 없음을 뜻하는 말이에요.

| 교과서 | 국어 6학년 1학기(가) 5단원 속담을 활용해요 – 소 잃고 외양간 고친다 |

망양보뢰의 두 가지 뜻

초나라 장신은 왕에게 사치하지 말고 국사에 전념하라 조언했지만, 왕이 화를 내서 조나라로 갔지요. 얼마 후 진나라가 초나라를 침공하여 쫓기는 신세가 된 왕은 자신의 행동을 뉘우치며 장신에게 대책을 물었지요. 그는 "양이 달아난 뒤에 우리를 고쳐도 늦지 않습니다."라며 대책을 내놓았어요. 여기서 망양보뢰는 '실패해도 뉘우치고 수습하면 늦지 않다.'라는 뜻으로 쓰였지요. 오늘날에는 '실패 후에 뉘우쳐도 소용이 없다.'는 부정적인 의미로 바뀌었어요.

보들 이야기

털이 수북한, 보들이라는 예쁜 동물이 있었어요. 다들 보들과 친해지고 싶어 했지만, 보들은 다른 동물들을 못생겼다고 놀렸어요. 그러자 하느님이 보들에게 동물들을 놀릴 때마다 털이 빠지는 벌을 내렸지요. 그래도 보들은 계속 친구들을 놀렸고 결국 털이 다 빠졌어요. 놀란 보들이 다시 털이 나게 해 달라고 빌자, 하느님은 친구를 사귈 때마다 털이 나게 해 주겠다 했지요. 다만 친구들이 거절하면 몸이 길어질 것이라 했어요. 보들이 동물들에게 친구가 되자 했지만 모두 거절했어요. 망양보뢰였지요. 결국 보들은 털이 하나도 없는 기다란 몸이 되었어요.

비슷한말

망우보뢰 亡牛補牢
소 잃고 외양간 고친다는 뜻.

사후약방문 死後藥方文
죽은 뒤에 약방문(처방전)을 쓴다는 뜻으로, 이미 때가 지난 후에 대책을 세우거나 후회해도 소용없다는 말.

생각해 보자!

망양보뢰를 경험해 본 적 있나요? 어떤 일에 뒤늦게 후회했는지 떠올려 봅시다.

 서양 속담에도 '말을 도둑맞으면 헛간을 고친다.'라는 말이 있어요. 망양보뢰와 같은 말이지요. 어디에 살든 미리 준비를 철저히 해서 후회하지 않는 게 중요한 일인가 봅니다.

신출귀몰

神出鬼没
귀신 **신** 날 **출** 귀신 **귀** 숨을 **몰**

눈치챌 수 없을 정도로 빠르게 사라졌다 나타난다

'동에 번쩍 서에 번쩍'이란 말을 들어 본 적 있나요? 동쪽에서 나타났다 어느새 서쪽에서 나타난다는 뜻인데요. 신출귀몰도 자유자재로 나타났다 사라져 어디 있는지 알 수 없을 때 쓰는 말이랍니다.

교과서 사회 6학년 1학기 1단원 사회의 새로운 변화와 오늘날의 우리 – 홍길동전

귀신처럼

"교묘한 행동은 신출귀행(神出鬼行)하여 별과 같이 빛나고 하늘과 같이 운행한다."

중국의 옛 책 《회남자》에 나온 말이에요. 전쟁에 대비한 전략 전술을 이야기한 것으로 군대의 세력과 병기의 규모 등이 적에게 노출되지 않도록 작전을 펼치라는 뜻이지요. 신출귀행과 같은 뜻인 신출귀몰은 《당희장어》의 "두 머리에 세 얼굴의 귀신이 나타났다 사라졌다."에서 유래된 것으로 자유자재로 나타났다가 사라져 어디 있는지 알 수 없다는 뜻이에요.

홍길동전

아버지는 양반, 어머니가 노비인 홍길동은 벼슬에 오를 수 없는 자신의 처지가 한스러웠어요. 각종 술법을 익히고 훈련해 바람과 구름을 부리고 둔갑술까지 할 수 있게 된 길동은 집을 나와 활빈당이라는 도적 떼의 우두머리가 되었지요. 그리고 못된 벼슬아치들의 재물을 훔쳐 굶주리는 백성들에게 나누어 주었답니다. 길동은 자신의 모습을 한 허수아비 일곱 개를 만들어 전국 팔도에서 동시에 나타났다 사라지게 했어요. 정말 신출귀몰하였지요. 결국 나라에서 홍길동을 잡아 오라 했고 홍길동은 줄줄이 잡혀 왔지만 모두 감쪽같이 사라졌어요.

비슷한 속담

동에 번쩍 서에 번쩍
정처가 없고 종적을 걷잡을 수 없을 만큼 왔다 갔다 함을 이르는 말.

생각해 보자!

신출귀몰할 수 있는 능력이 생긴다면 어떨까요? 어떤 일을 할지 생각해 봅시다.

 《홍길동전》은 우리나라 최초의 한글 소설이에요. 당시 조선 사회의 모순을 비판한 최초의 사회 소설이기도 해요. 부패한 사회를 개혁해 새로운 세상을 만들고자 했던 허균의 사상이 들어 있지요.

공명정대

公明正大
공변될 공 · 밝을 명 · 바를 정 · 큰 대

공정하고 현명하며 바르고 떳떳한 태도

친구들끼리 싸운다면 어느 편을 들어야 할까요? 얼마나 친한지를 떠나 잘잘못을 잘 가리는 것이 중요하겠지요. 어떤 일을 할 때 감정이나 욕심에 따르지 않고 올바르게 판단하는 것을 공명정대라고 해요.

교과서 도덕 6학년 4단원 공정한 생활 - 공정하게 판단해요

세종의 공정한 세금 제도

조선 시대에는 쌀로 세금을 냈어요. 세종 대왕은 세금을 공정하게 거두기 위해 법을 새로 만들었지요. 지역과 시기에 따라 거두어들이는 쌀의 양을 다르게 하는 것이었어요. 농사가 잘되는 기름진 땅에서는 쌀을 많이 걷고, 농사가 잘되지 않는 척박한 땅에서는 조금만 걷었어요. 또한 농사가 잘되어 풍년일 때는 쌀을 많이 걷고, 흉년일 때는 쌀을 조금만 걷었지요. 백성들에게 세종은 공명정대한 왕이었답니다.

망주석 재판

비단 장수가 망주석 아래에서 잠들었는데, 깨어 보니 비단이 사라졌어요. 비단 장수는 도둑을 잡으려고 원님을 찾아갔지요. 원님이 비단 장수에게 주변에 누가 있었는지 묻자, 그는 망주석뿐이었다고 답했어요. 원님은 망주석을 가져다 곤장을 쳤고, 사람들은 웃음을 터뜨렸어요. 원님은 무례하게 웃은 사람들을 옥에 가두라면서 비단 한 필씩 가져오면 풀어 주겠다 했지요. 사람들이 비단을 가져왔는데, 바로 비단 장수가 도둑맞은 것이었어요. 원님은 이들에게 비단을 판 사람을 잡아 오라고 했지요. 자신이 웃음거리가 될 것을 알면서도 공명정대하게 재판을 이끈 원님 덕에 비단 장수는 비단을 찾았답니다.

비슷한말

공평무사 公平無私
모든 일을 바르게 처리하여 사사로운 이득이 없도록 함.

생각해 보자!

공명정대란 어떤 것인가요? 생활 속 공명정대가 필요한 상황이 언제인지 생각해 봅시다.

 세종 대왕은 아기를 낳고 쉬지 못하는 여자 노비들을 딱하게 여겨 출산 휴가를 만들었어요. 출산 전후 4개월을 쉬고, 남편도 한 달 동안 쉬며 가족을 돌보게 했지요. 백성의 마음을 헤아린 왕이었어요.

인면수심

人 面 獸 心
사람 인 낯 면 짐승 수 마음 심

사람의 얼굴을 하였으나 마음은 짐승과 같다

인면수심은 뉴스에 자주 등장하는 말이에요. 흉악한 범죄 기사에 많이 나오지요. 사람의 도리를 지키지 못하고 배은망덕하거나 행동이 흉악해서 짐승과 같은 사람을 일컬어 인면수심이라고 해요.

교과서 국어 6학년 1학기(나) 8단원 인물의 삶을 찾아서 – 버들이를 사랑한 죄

북방 오랑캐 흉노

흉노는 몽골고원, 만리장성 일대를 중심으로 활동한 유목기마민족으로, 중국 북방을 자주 침입해 중국인들은 북방 오랑캐라는 뜻으로 흉노라고 불렀어요. 중국의 만리장성은 바로 흉노의 침입을 막기 위해 지어진 성이에요. 중국 후한의 역사가 반고는 《한서》에서 흉노를 가리켜 인면수심이라고 표현했어요. 사람의 얼굴을 하였으되 마음은 짐승과 같다는 말이 시간이 지나면서 의미가 변해, 다른 사람의 은혜를 배신하거나 마음이 몹시 흉악하고 음탕한 사람을 가리키는 말이 되었어요.

농부와 뱀

어느 추운 겨울날, 한 농부가 길을 지나다 뱀을 발견하고는 피하려고 했는데 자세히 보니 추위에 꽁꽁 얼어 버린 상태였어요. 농부는 뱀을 불쌍하게 여겨 품 안에 넣었어요. 그렇게 한참 뱀을 안고 있었더니 뱀의 몸이 녹았는지 꾸물대며 움직이기 시작했어요. 농부가 뱀을 놓아주려는 순간, 농부는 숨이 멎는 것 같은 통증을 느꼈어요. 생기를 되찾은 뱀이 타고난 본성을 어쩌지 못하고 목숨을 구해 준 농부를 물어 버린 거예요. 순식간에 온몸에 독이 퍼지자 죽음을 직감한 농부는 사악한 동물에게 동정을 베푼 자신의 어리석음을 한탄했어요. 인면수심은 이렇게 베풀어 준 은혜를 모르고 배신하는 동물과 같은 사람을 일컫는 말이에요.

비슷한말

배은망덕 背恩忘德
은혜를 배신하고 베풀어 준 덕을 잊음.

생각해 보자!

뉴스에서 인면수심이라는 말을 들어 본 적 있나요? 어떤 일에 쓰였는지 생각해 봅시다.

 사람의 도리로는 도저히 할 수 없는 흉악한 범죄를 저지르는 사람들에게 "사람의 탈을 쓰고 어떻게 그럴 수 있느냐?"라고 말하는 경우가 많아요. 인면수심과 같은 말이지요.

불원천리

不遠千里
아닐 불 · 멀 원 · 일천 천 · 마을 리

아무리 먼 길이라도 기쁘게 달려간다

좋아하는 사람을 만나러 가는 길이라면 아무리 멀어도 기쁘게 갈 수 있다는 뜻이에요. 이제는 교통수단이 발달하여 먼 거리라도 보고 싶으면 언제든지 빨리 달려갈 수 있답니다.

교과서	사회 3학년 1학기 3단원 교통과 통신 수단의 변화 사회 3학년 2학기 3단원 가족의 형태와 역할 변화

먼 길을 나선 맹자

맹자가 양혜왕을 만나러 가자 양혜왕이 말했지요. "노인께서 천 리 길도 마다하지 않고 오셨으니, 우리나라에 장차 이로운 일이 생기겠지요?" 그러자 맹자가 자신은 인의를 말하러 왔는데 이익을 말씀하시냐고 질책했답니다. 양혜왕의 말에서 불원천리가 유래되었는데요. 《논어》에도 "나의 학문을 알아주는 벗이 있어 멀리서 찾아와 함께 학문을 논하니, 이 또한 즐겁지 않겠느냐."라는 구절이 있답니다.

복 타러 간 총각

일이 잘 풀리지 않는 복 없는 총각에게 어머니가 복 타러 서산에 다녀오라 했어요. 길을 가다 나무 아래에서 만난 노인은 총각에게 잎이 언제 피는지 알아봐 달라고 했어요. 또 한 처녀를 만났는데 남편이 누군지 알아봐 달라고 했지요. 용이 되지 못한 구렁이는 승천하는 방법을 알려 달라고 했어요. 총각은 서산에 도착해 세 가지 물음의 답을 얻어 왔어요. 구렁이는 구슬 하나를 버리면 승천할 수 있다 해서 구슬을 총각에게 주고 승천했고, 처녀에게는 처음 본 사람이 남편이라 해서 총각과 부부가 되었어요. 노인에게는 방석을 빼 주면 잎이 필 것이라고 해서 노인이 총각에게 방석을 내주었는데 금 방석이었어요. 복을 얻으러 불원천리로 달려간 총각은 결혼도 하고, 구슬과 금 방석을 팔아 부자가 되었답니다.

반대말

지척천리 咫尺千里
서로 가까이 있으면서도 그곳에 가지 못하거나 오래 만나지 못하므로 멀리 떨어져 사는 것과 같음.

생각해 보자!

불원천리 달려갈 만큼 보고 싶고 그리운 사람을 떠올려 봅시다.

 복(福)은 삶에서 누리는 행운과 행복을 말해요. 예로부터 복은 하늘에서 내리는 것이라 했어요. '복'이 들어간 단어는 기복(祈福), 축복(祝福), 다복(多福), 만복(萬福) 등 많답니다.

일장춘몽

一場春夢
한 일 / 마당 장 / 봄 춘 / 꿈 몽

부귀영화가 꿈처럼 덧없이 사라지다

부귀영화가 꿈처럼 덧없이 사라지는 것을 비유하는 말로 한낱 꿈, 부질없는 일, 쓸모없는 생각 등을 가리키는 말이에요. 인생은 한 치 앞을 내다볼 수 없으므로 항상 노력하는 자세가 필요하다는 뜻이지요.

| 교과서 | 사회 5학년 2학기 1단원 옛사람들의 삶과 문화 – 독창적 문화를 발전시킨 고려 |

허무한 인생

송나라 최고의 문장가 소동파는 말년에 중국 최남단 섬에 유배되었어요. 그는 표주박 하나를 메고 노래를 부르며 산책하다 한 할머니를 만났지요. 할머니는 소동파의 모습을 보고 놀라며 말했어요. "부귀영화는 한바탕 꿈에 지나지 않는구나." 천하에 이름을 떨쳤던 사람이 초라한 모습으로 시골길을 걷는 것을 보면서 할머니는 인생의 참모습을 발견한 것이지요.

요술 부채

할아버지가 부채 두 개를 주워 빨간 부채로 부채질을 하니 코가 길어지고, 파란 부채로 부치니 원래대로 돌아왔어요. 할아버지는 부채로 돈 벌 궁리를 했지요. 그래서 부자 영감을 찾아가 빨간 부채를 부쳤어요. 코가 길어진 영감은 코를 원래대로 해 주면 많은 돈을 주겠다고 했지요. 할아버지는 파란 부채를 부쳐 많은 돈을 받았어요. 문득 코가 얼마나 길어질까 궁금해진 할아버지가 빨간 부채를 부치자 코가 하늘나라까지 올라가서 선녀들이 하늘 위 기둥에 코를 묶어 버렸지요. 다시 파란 부채로 코를 부치자 할아버지 몸이 하늘로 올라갔어요. 그때 줄이 풀려 할아버지는 땅으로 떨어지고 말았어요. 부자가 되려 했던 꿈은 일장춘몽에 불과했답니다.

비슷한말

호접지몽 胡蝶之夢
나비에 관한 꿈이라는 뜻으로, 물아일체의 경지 또는 인생의 무상함을 비유하여 이르는 말.

생각해 보자!

역사 속 인물 중에, 부귀영화를 누리다 그 인생이 일장춘몽이 된 인물로 누가 있을까요?

 유배(流配)란 심각한 죄를 범했을 때, 차마 사형에는 처하지 못하고 먼 곳으로 보내 죽을 때까지 고향에 돌아오지 못하게 하는 형벌을 말해요. 귀양이라고도 하지요.

온고지신

溫故知新
익힐 온 / 옛 고 / 알 지 / 새 신

옛것을 익히고 새것을 안다

온고지신은 옛날에 연구하던 것을 되풀이해 연구하면서 거기에 새로운 학문을 이해해야 비로소 남의 스승이 될 자격이 있다는 뜻이에요. 기본적으로 옛것을 익혀야 새것도 잘 알 수 있다는 뜻이랍니다.

교과서 국어 6학년 1학기(가) 4단원 주장과 근거를 판단해요 – 전통 음식의 우수성, 가마솥에 숨겨진 과학

스승의 자격

"옛것을 익히고 새것을 알면 스승이 될 수 있다."

《논어》에서 공자가 스승의 자격에 대해 말한 구절이에요. 옛것은 태평성대였던 주나라 때의 여러 문물과 제도를 가리키는데요. 혼란한 세상을 바로잡으려면 훌륭한 이전 시대의 문물과 정신을 배우고 본받는 것이 중요함을 강조하는 말이에요. 온고지신은 과거의 전통과 역사, 학문을 먼저 충분히 익히고 새로운 것을 배워야 함을 뜻하는 말이랍니다.

옛것을 다시 보다

요즘 휘발유차와 경유차를 대신할 수 있는 전기차가 주목받고 있어요. 전기차는 전기만을 동력으로 하기 때문에 배기가스 배출과 소음이 거의 없는 게 장점이지요. 전기차는 1834년에 로버트 앤더슨이 최초로 발명했어요. 그런데 그 후 큰 유전이 발견되면서 휘발유 값이 뚝 떨어졌고, 때마침 미국의 헨리 포드가 전기차의 반값으로 휘발유차를 출시하면서 큰 인기를 끌었어요. 그렇게 역사 속으로 사라졌던 전기차를 테슬라 모터스의 일론 머스크가 100여 년 만에 다시 세상에 내놓았어요. 그는 옛것에서 아이디어를 얻어 더 나은 전기차를 만든 것이라고 말했어요. 온고지신의 정신을 실천한 결과이지요.

그래! 옛날 전기차에 현대 기술을 더해 새로운 전기차를 만들자!

비슷한말

법고창신 法古創新
옛것을 본받아 새로운 것을 창조한다는 뜻으로, 옛것에 토대를 두되 그것을 변화시킬 줄 알고 새것을 만들어 가되 근본을 잃지 않아야 한다는 뜻.

생각해 보자!

우리의 옛것 중에 새롭게 발전시켜, 지금 사용할 만한 것으로 만든다면 무엇이 있을까요?

 SF 영화 〈아이언맨〉의 주인공 토니 스타크의 실제 모델이 전기차를 만든 일론 머스크라고 해요. 일론 머스크는 전기차를 만드는 테슬라 모터스와 우주 여행 프로젝트인 스페이스엑스(Space X)의 최고 경영자랍니다.

관포지교

管鮑之交
대롱 관 절인어물 포 갈 지 사귈 교

관중과 포숙아의 사귐, 영원히 변치 않는 참된 우정

관중과 포숙아는 대체 어떤 친구였기에 이렇게 오래도록 좋은 친구로 기억되고 있을까요? 자신의 이익이나 형편에 관계없이 무조건 친구를 위하는 두터운 우정 이야기를 들어 봅니다.

| 교과서 | 국어 활동 2학년 2학기 4단원 인물의 마음을 짐작해요 – 개구리와 두꺼비는 친구 |

나를 알아준 친구

제나라의 절친 관중과 포숙아는 군주의 아들 규와 소백의 신하였어요. 그런데 군주가 죽자 두 아들이 임금 자리를 놓고 다투었고 관중과 포숙아도 적이 되고 말았죠. 관중은 규를 왕좌에 앉히려고 소백을 죽이려다 실패했고, 소백이 왕이 되었어요. 소백은 관중을 죽이려 했는데, 포숙아가 인재를 죽이면 임금의 손해라며 관중을 신하로 쓰라고 권했어요. 관중과 포숙아는 함께 임금을 모시게 되었어요. 관중은 포숙아에게 고맙다며 말했어요. "나를 낳아 준 사람은 부모님이지만, 나를 알아준 사람은 포숙아다."

달걀 열두 개로 한 축하

가난한 선비가 친구 아들의 결혼 소식을 들었어요. 좋은 선물을 할 형편은 안 되지만 진심으로 축하하는 마음을 전하고 싶었지요. 선비는 달걀 열두 개를 정성껏 포장해 편지와 함께 보냈어요.

"달걀처럼 알차게 살길 바라네. 열두 달 복을 받고 자손도 많이 두고, 달걀이 병아리가 되고 닭이 되듯 살림도 크게 번창하길. 달걀 겉은 백옥 같고 속은 황금 같으니 옥처럼 받아서 황금처럼 쓰시게."

이들의 우정은 소박한 선물도 마음을 담아 기쁘게 주고받을 수 있는 관포지교였어요.

비슷한말

지란지교 芝蘭之交
지초와 난초 같은 향기로운 사귐으로, 친구 사이의 아름다운 우정을 뜻함.

금란지교 金蘭之交
친구 사이의 매우 두터운 정을 이르는 말.

생각해 보자!
여러분에게 관중과 포숙아처럼 절친한 친구가 있나요? 친구에 대한 고마운 마음을 담아 편지를 써 봅시다.

 친구의 친(親)은 가까이에서 본다는 뜻이고, 구(舊)는 옛날 또는 오래되었다는 뜻이에요. 친구는 오랫동안 가깝게 사귄 벗을 말하지요. 여러분 가까이에서 오래 두고 본 사람은 누구인가요?

무소불위

無所不爲
없을 무 · 바 소 · 아닐 불 · 할 위

하지 못하는 것이 어디에도 없다

무슨 일이든 할 수 있는 힘과 권력을 나타내는 표현이지만, 권력이나 힘을 마구 휘두르는 것을 가리키는 부정적인 의미로 많이 쓰여요. 무소불위의 권력이라고 하면 독재자의 권력을 가리킨답니다.

교과서 사회 6학년 1학기 1단원 사회의 새로운 변화와 오늘날의 우리 – 고부 군수의 횡포

무소불위 황제 진시황

전국 시대를 통일한 진나라의 왕은 자신을 '시황제'라 부르라 했어요. 진시황은 전국을 군, 현으로 나누어 다스리고, 문자를 통일하는 등 권력을 키워 갔어요. 또한 적의 침입에 대비해 만리장성을 쌓고, 자신의 궁궐과 무덤을 엄청난 규모로 지었지요. 신하들에게 늙지도, 죽지도 않게 만드는 약을 구해 오라고도 명했어요. 진시황은 자신의 뜻과 다른 사상을 적은 책들을 불태웠을 뿐 아니라 자신의 뜻에 반하는 자들을 산 채로 묻기도 했어요. 자신의 권력을 마음대로 휘두른 무소불위의 황제였답니다.

사자가 된 당나귀

당나귀가 길을 가다 땅에 떨어진 보따리를 발견했는데 그 안에 사자의 가죽이 들어 있었어요. 그걸 뒤집어쓰고 자신의 모습을 연못에 비추어 보니 영락없이 사자였지요. 당나귀는 신이 나서 숲으로 갔어요. 당나귀를 본 멧돼지는 도망가다 나무에 부딪혀 기절해 버렸고 여우는 주저앉아 살려 달라며 싹싹 빌었지요. 밀림의 왕 사자의 등장에 숲속은 한바탕 난리가 났어요. 당나귀는 자기가 사자처럼 무소불위의 권력을 가지기라도 한 양 신이 났지요. 이번엔 사자처럼 으르렁 소리를 내 보았어요. 그러자 동물들이 그 소리를 듣고 당나귀인 것을 알아챘지 뭐예요. 그렇게 당나귀의 사자놀이는 끝나고 말았답니다.

비슷한말

무처부당 無處不當
무슨 일이든지 감당하지 못할 것이 없다는 뜻.

생각해 보자!

주변에 무소불위의 권력을 휘두르는 사람이 있나요? 왜 그렇게 생각하는지 이야기해 봅시다.

 진시황이 쌓으라고 했던 만리장성은, 이후 명나라 때 지금의 모습이 되었어요. 길이가 약 2,700킬로미터인데 지형의 높낮이를 반영하면 실제는 6,352킬로미터에 이른다고 해요. 만리장성은 인류 최대의 토목 공사로 손꼽힙니다.

명약관화

明 若 觀 火
밝을 명 같을 약 볼 관 불 화

밝기가 불을 보는 것과 같다

'불 보듯 뻔하다.'라는 말이 있지요? 의심할 여지없이 매우 분명하다는 말인데요. 바로 이 말이 명약관화입니다. 분명하고 명백한 사실을 표현할 때 쓴답니다.

교과서 국어 6학년 1학기(가) 4단원 주장과 근거를 판단해요 – 자연보호는 우리가 꼭 해야 할 일

왕의 경고

은(殷)나라는 유물과 유적으로 확인할 수 있는 중국 역사 최초의 왕국이에요. 은나라의 왕 반경은 도읍을 엄에서 은으로 옮기려고 했어요. 그런데 이를 반대한 귀족들이 헛소문을 내기 시작했어요. 자신들이 오랜 세월 축적해 놓은 것들을 놓치기 싫었기 때문이지요. 왕은 귀족들에게 나라를 위해 도읍을 옮겨야 하는 이유를 설명했어요. 그리고 귀족들이 도읍 옮기기를 싫어하는 이유를 '불을 보는 것처럼' 분명히 알고 있다고 경고했어요.

떡시루 잡기

옛날에 호랑이와 두꺼비가 살았어요. 어느 날 떡을 해 먹으려고 쌀과 팥을 씻고 불을 피웠지요. 떡을 찌기 시작하니 떡시루에서 김이 모락모락 피어오르는 게 군침이 돌았어요. 그러자 호랑이는 문득 이 떡을 혼자 다 먹고 싶다는 생각이 들어 두꺼비에게 내기를 제안했지요. 시루떡을 산꼭대기로 가지고 가서 산 아래로 굴린 다음, 쫓아가 먼저 잡는 쪽이 혼자 다 먹는 걸로요. 이 내기는 누가 이길지 명약관화했지요. 호랑이가 두꺼비보다 훨씬 빠르니까요. 그러나 결과는 달랐어요. 산꼭대기에서 떡시루를 굴렸더니 시루 안에 있던 떡이 밖으로 떨어져 나왔거든요. 호랑이는 그것도 모르고 빈 떡시루를 끝까지 쫓았고, 두꺼비는 떨어져 나온 떡을 맛있게 먹었답니다.

비슷한말

명명백백 明明白白
아주 명백해 의문의 여지가 없음.

생각해 보자!
여러분은 살면서 명약관화해 보이던 일이 다른 결과를 가져온 적이 있나요?

 떡시루는 떡을 찌는 데 쓰는 둥근 질그릇을 말해요. 바닥에 구멍이 뚫려 있어 수증기로 떡을 찌는 일종의 찜솥이지요. 시루떡은 시루에 쌀가루와 콩, 팥을 얹어 찐 떡을 말한답니다.

우공이산

愚公移山
어리석을 우 / 공평할 공 / 옮길 이 / 뫼 산

어리석은 사람이 산을 옮긴다

무모해 보이는 어떤 일을 조금씩이라도 꾸준히, 끝까지 실천한다면 그 일을 이룰 수 있음을 뜻하는 말이에요. 어리석어 보이지만 그 성실함과 꾸준함이 큰일을 이룬다는 뜻입니다.

| 교과서 | 도덕 4학년 1단원 도덕 공부, 행복한 우리 – 공부와 근면함
국어 5학년 2학기(나) 연극단원 – 함께 연극을 즐겨요 |

산을 옮기는 의지

옛날에 두 개의 커다란 산 앞에 아흔의 노인이 살고 있었어요. 노인은 가족들에게 두 산을 옮겨 길을 내자고 제안했어요. 노인과 아들, 손자는 흙을 퍼서 바다에 버리는 일을 계속 반복했어요. 이웃들이 죽을 날이 다가오는데 왜 쓸데없는 짓을 하냐고 묻자, 노인은 자신이 죽으면 후손들이 길이 날 때까지 계속할 것이라고 말했어요. 두 산을 지키던 신이 이 말을 듣고 옥황상제에게 산을 구해 달라고 호소했어요. 옥황상제는 두 산을 각각 멀리 옮겨 주었답니다.

토끼와 거북이

어느 날 토끼가 거북이에게 느림보라고 놀렸어요. 그러자 거북이가 달리기 경주를 제안했지요. 정해진 목적지에 빨리 도착하면 되는 것이었어요. 시작하자마자 토끼는 힘껏 달려 거북이와 엄청난 차이가 났어요. 저 멀리 기어오는 거북이를 본 토끼는 볕 좋은 곳에 누워 잠을 청했지요. 토끼가 낮잠을 자는 동안 거북이는 우공이산처럼 쉬지 않고 열심히 걸었어요. 낮잠을 자던 토끼가 문득 깨어나 보니 이미 거북이는 자신을 지나간 후였지요. 토끼가 뒤늦게 열심히 뛰어갔지만 승부는 결정 난 후였답니다.

비슷한말

수적천석 水滴穿石
물방울이 돌에 구멍을 낸다는 뜻으로, 작은 노력도 계속하면 큰일을 이룰 수 있음을 이르는 말.

생각해 보자!

여러분은 우공이산처럼 불가능해 보이는 일을 끝까지, 꾸준히 도전해 본 적 있나요? 그 일을 이루었을 때 기분이 어떨지 상상해 봅시다.

 중국 구이저우성의 바휘 마을은 커다란 산 앞에 있어 고립된 마을이었어요. 탕밍위 씨는 길을 내기 위해 꾸준히 가족들과 이 산을 깎았고, 그 결과 17년 만에 해발 100미터의 산을 뚫어 길을 만들었답니다. 오늘날 우공이산이지요.

순망치한

脣亡齒寒
입술 순 / 잃을 망 / 이 치 / 찰 한

입술이 없으면 이가 시리다

만약 입술이 없다면 어떨까요? 입이 다물어지지 않아 이가 시리겠지요. 이와 입술처럼, 서로 떨어질 수 없는 밀접한 관계를 가리켜 순망치한이라 해요.

| 교과서 | 사회 5학년 2학기 1단원 옛사람들의 삶과 문화 – 민족 문화를 지켜 나간 조선 |

괵나라와 우나라

춘추 시대 말 진나라 왕은 괵나라를 공격하기 위해, 우나라의 왕에게 선물을 주면서 지나가도록 허락해 달라고 했어요. 우나라의 신하 궁지기는 진나라의 속셈을 알고 왕에게 말했어요. "괵나라가 망하면 우나라도 망합니다. 속담에도 수레의 짐받이 판자와 수레는 서로 의지하고, 입술이 없어지면 이가 시리다고 했습니다. 결코 길을 내주면 안 됩니다." 그러나 우왕은 진나라에게 길을 내주었어요. 진나라는 괵나라를 차지하고 돌아오는 길에 우나라도 정복했어요. 괵나라가 우나라의 입술이었던 거지요.

사자와 여우

사자가 앓아누워 여우가 문병을 가자 사자가 말했어요. 동물들을 꾀어 데리고 오면 먹고 기운을 차릴 수 있을 것 같다고요. 여우는 사슴을 찾아가 말했어요. "사자가 아파서 죽게 되었어. 너에게 왕위를 물려준다니 같이 가자." 여우는 동물들을 차례로 속여 사자의 먹이로 데리고 갔어요. 그러나 곧 소문이 퍼져 아무도 사자 굴에 가려 하지 않았지요. 여우가 허탕을 치고 사자 굴에 돌아오자, 몹시 배가 고팠던 사자는 여우를 날름 먹어 버렸어요. 여우와 다른 동물들의 관계가 순망치한이었던 거예요.

길을 내어 주지 말고 괵나라를 지켰어야 하는구나

비슷한말

순치보거 脣齒輔車
입술과 이, 수레의 덧방나무와 바퀴를 말함. 이것들은 어느 한쪽만으로는 존립하기 힘들기 때문에 서로 매우 긴밀하게 의지하는 관계임.

고장난명 孤掌難鳴
외손뼉은 울릴 수 없다는 뜻. 혼자서는 일을 이룰 수 없거나, 상대 없이는 싸움이 일어나지 않음을 이르는 말.

생각해 보자!
여러분에게 서로가 없으면 곤란해지는 소중한 존재가 있나요? 왜 그렇게 생각하나요?

 임진왜란 당시 일본은 조선에게 "명을 침략할 것이니 가는 길을 빌려 달라."라고 했어요. 조선은 우나라와 달리 거부했고, 명은 조선에 병력을 파견했어요. 명과 조선의 관계가 바로 순망치한이었던 거지요.

학수고대

鶴首苦待
학 학 / 머리 수 / 쓸 고 / 기다릴 대

학처럼 목을 길게 빼고 기다린다

학은 목이 길게 쭉 뻗어 있지요. 그래서 무언가를 애타게 기다리는 모습을 학처럼 목을 길게 빼고 기다린다고 표현해요. 이를 학수고대라고 하죠.

교과서 국어 4학년 1학기(가) 1단원 생각과 느낌을 나누어요 - 가끔씩 비 오는 날

그날이 오면

"그날이 오면 그날이 오면
삼각산이 일어나 더덩실 춤이라도 추고
한강 물이 뒤집혀 용솟음칠 그날이,
이 목숨이 끊기기 전에 와 주기만 한다면"(하략)

이 시는 독립운동가 심훈의 시 〈그날이 오면〉의 일부분이에요. 심훈은 기자이자 작가로 활동하며 민족의식을 일깨웠어요. 광복을 학수고대하던 그의 간절한 마음이 담긴 이 시는 일제의 반대로 출간되지 못했어요. 심훈은 1936년 병으로 세상을 떠났고, 이 시집은 해방 후에 비로소 세상의 빛을 보았답니다.

소나기와 소 내기

어느 날 농부가 메마른 밭을 갈며 한숨을 쉬었어요. 몇 달째 비가 오지 않아 걱정이 태산이었지요. 그 모습을 본 스님이 무슨 일이냐 물으니 농부가 말했어요. "비가 오지 않아 농사를 망치게 생겼어요." 그러자 스님이 오늘 오후에 비가 올 것이라고 말했어요. 농부는 이렇게 쨍한 날 무슨 비가 오겠냐며 스님에게 내기를 제안했지요. 비가 오면 자신의 소를 주겠다고요. 그런데 오후가 되자 먹구름이 끼더니 소나기가 쏟아졌어요. 학수고대하던 비가 오자 농부는 기뻐서 덩실덩실 춤을 추었지요. 눅눅해진 옷을 만져 보고 비가 올 것을 예상한 지혜로운 스님은 농부가 건넨 소를 마다하고 가던 길을 갔답니다.

비슷한 말

학망 鶴望
학처럼 고개를 빼고 발돋움하여 바라본다는 뜻으로, 간절한 바람을 이르는 말.

생각해 보자!

여러분은 학수고대해 본 경험이 있나요? 무엇을 그렇게 기다렸는지 생각해 봅시다.

 소나기는 갑자기 세차게 쏟아지다가 곧 그치는 비를 말하고, 가랑비는 조금씩 촉촉이 내리는 비를 말해요. 그리고 이슬비는 이슬처럼 아주 가늘게 내리는 비를 말하지요.

측은지심

惻隱之心
슬퍼할 측 / 숨을 은 / 갈 지 / 마음 심

남을 불쌍하게 여기는 착한 마음

여러분은 가난하고 형편이 어려운 사람을 보면 어떤 마음이 드나요? 형편이 어렵거나 곤경에 처한 사람을 보고 안타깝고 불쌍하게 여기는 마음을 측은지심이라고 해요.

| 교과서 | 국어 2학년 1학기(나) 9단원 생각을 생생하게 나타내요 – 선생님, 바보 의사 선생님 |

타고난 마음

"불쌍히 여기는 마음(측은惻隱)이 없으면 사람이 아니며, 부끄러운 마음(수오羞惡)이 없으면 사람이 아니며, 사양하는 마음(사양辭讓)이 없으면 사람이 아니며, 옳고 그름을 아는 마음(시비是非)이 없으면 사람이 아니다."

맹자가 사람의 본성이 착하다는 성선설을 주장하며 한 말이에요. 아이가 물에 빠지면 구하려는 마음을 가진 게 사람이며, 그것이 측은지심이라 했어요.

신통한 점괘

선비가 아내가 짠 베를 팔러 장에 나왔어요. 며칠째 굶은 터라 베를 판 돈으로 쌀을 사러 가는데, 한 거지 영감이 "한 푼 줍쇼." 하며 손을 내밀었어요. 선비는 측은지심에 가진 돈을 몽땅 주었지요. 영감이 고맙다며 점괘를 일러 주었어요. '위험하면 가지 말 것, 무서우면 춤을 출 것, 반겨 주면 절을 할 것'이 그것이었지요. 선비가 배를 타려는데 위험해 보여 내렸더니 배가 뒤집혔어요. 산에서 괴물을 만난 선비가 무서워 춤을 췄더니 괴물이 사람으로 변했어요. 그 사람이 알려 준 곳을 파 보니 산삼이 가득했지요. 집에 돌아오니 아내가 반겨 주어 선비는 절을 했어요. 그러자 마루 밑에 숨어 있던 도둑과 눈이 마주쳤고 놀란 도둑은 도망갔지요. 부부는 산삼을 팔아 이웃과 나누고 어려운 사람들을 도우며 살았답니다.

반대말

냉혈한 冷血漢
따뜻한 인정이나 감정이 없는 냉혹한 사람.

생각해 보자!

여러분은 누군가에게 측은지심을 가져 본 적 있나요? 왜 그런 마음이 들었는지 생각해 봅시다.

🚩 순자는 사람의 타고난 본성은 악하므로 후천적인 노력을 통해 선을 발휘해야 한다며 성악설(性惡說)을 주장했어요. 이에 반해 맹자는 사람은 본래 선을 타고났기 때문에 인의예지를 실천할 수 있다며 성선설(性善說)을 주장했지요.

동문서답

東問西答
동녘 **동** 물을 **문** 서녘 **서** 답할 **답**

동쪽을 묻는데 서쪽을 답하다

친구들과, 또는 가족과 대화하다 보면 가끔 질문에 전혀 맞지 않는 엉뚱한 답을 할 때가 있지요? 그런 경우를 동문서답이라고 해요. 또한 입장이 달라 상대방의 질문을 애써 무시하는 상황에서도 쓰여요.

교과서 국어 3학년 2학기(나) 5단원 바르게 대화해요 - 전화 예절

오빠의 장난

미정이가 집에 들어가려는데 문이 닫혀 버렸어요. 그래서 오빠에게 전화했어요. "오빠, 문이 닫혔어." 오빠가 말했어요. "그래? 문이 많이 아프겠네." 미정이는 의아했어요. "웬 동문서답? 문이 닫혔다니까! 초인종도 고장 났나 봐." 오빠는 또 동문서답을 했어요. "어이쿠, 그럼 초인종도 같이 병원에 데려 가야겠구나." 알고 보니 오빠가 '닫혔다'와 '다쳤다'가 같은 소리가 난다는 것을 이용해 장난을 친 것이었어요.

거울 보며 동문서답

산골에 사는 남자가 약초를 팔러 서울에 가게 됐어요. 아내는 시장에서 빗을 사다 달라 했는데 남자는 빗이 뭔지 몰랐어요. 아내는 반달을 가리키며 달 모양의 물건을 사 오라고 했지요. 일을 마친 남자가 달을 보니 둥근 보름달이 떠 있어서 동그란 거울을 사 왔어요. 아내가 말했어요. "아니 서울에서 여자를 데려오셨어요?" 시어머니가 거울을 보더니 "젊은 여자도 아니고 왜 할망구를 데리고 왔어?" 했어요. 시아버지도 거울을 보고 "아버지! 어떻게 이렇게 살아 돌아오셨습니까?" 했어요. 남자도 거울을 보고는 "네 이놈, 넌 누구냐?" 화를 내며 거울을 던져 깨 버렸답니다. 동문서답하던 가족은 그제야 평화를 찾았어요.

반대말

우문현답 愚問賢答
어리석은 질문을 받고 현명하게 답함.

생각해 보자!

여러분은 친구들에게 질문을 했다가 엉뚱한 대답을 들어 본 적 있나요? 그런 경우 "동문서답하지 마."라고 해 보세요.

 '닫히다'('닫혔다'의 원형)는 '닫다'의 피동사로, 열린 문 등을 제자리로 가게 하는 것을 말하고, '다치다'('다쳤다'의 원형)는 몸에 상처가 생기는 것을 말하죠. 이 '닫히다'와 '다치다'는 발음이 똑같이 [다치다]입니다.

# 명불허전

名不虛傳
이름 명 · 아닐 불 · 빌 허 · 전할 전

이름은 헛되이 전해지지 않는다

모든 일에는 그 일이 일어난 이유가 있기 마련이지요. 명불허전은 이름이 널리 알려진 것이 그럴 만한 분명한 이유가 있다는 뜻이에요.

| 교과서 | 사회 5학년 2학기 1단원 옛사람들의 삶과 문화 – 독창적 문화를 발전시킨 고려 |

이름이 알려진 이유

전국 시대에 맹상군이란 사람은 인재들을 후하게 대접하여 수천의 식객을 거느린 것으로 이름이 높았어요. 높은 벼슬을 한 사람이었지만 모든 손님들을 대등하고 진솔하게 대해 다양한 재주를 지닌 사람들이 그의 곁으로 모였지요. 사마천은 《사기》 열전에서 맹상군에 관한 기록에 "맹상군이 객을 좋아하고 스스로 즐거워하였다고 하니 그 이름이 헛된 것이 아니었다."고 썼어요. 여기에서 '명불허전'이라는 표현이 유래되었답니다.

꾀 많은 여우

길에 커다란 고기가 떨어져 있었어요. 서로 반대편에서 오던 두 마리 개가 동시에 고기를 잡고선 싸움을 벌였어요. 그때 여우가 나타나 왜 싸우느냐 물었죠. 서로 자기 것이라고 우기자 여우가 고기를 똑같이 나누어 주겠다며, 나뭇가지와 잎사귀로 저울을 만들었어요. 여우는 고기를 둘로 나누어 달아 보더니, 오른쪽 고기가 크다며 고기를 잘라먹고 다시 저울을 쟀어요. 그러더니 이번엔 왼쪽 고기가 크다며 왼쪽 고기를 잘라먹었지요. 이렇게 오른쪽 왼쪽을 차례차례 잘라먹는 사이, 고기는 점점 작아지더니 결국 다 없어지고 말았어요. 고기를 다 먹어 버린 여우는 잘 먹었다며 유유히 사라지고 말았답니다. 여우가 꾀가 많다더니 명불허전이지요.

> 오늘도 이렇게나 많이!
>
> 이름이 알려진 만큼 인재에게 후하게 베푸는군.

비슷한말

명실상부 名實相符
이름과 실제가 서로 부합한다는 뜻으로, 알려진 것과 실제 내용이 일치하는 경우를 가리키는 말.

생각해 보자!

여러분이 아는 사람 중에 명불허전인 인물은 누구인가요? 그는 무엇으로 유명한가요?

 식객(食客)이란 전국 시대의 풍습으로, 귀족이 재능 있는 사람을 자신의 손님으로 대접하고 그 손님은 자신의 재능으로 주인을 돕는 것을 말해요. 오늘날에는 하는 일 없이 남의 집에 얹혀서 밥만 얻어먹고 지내는 사람을 뜻하지요.

권토중래

捲土重來
말 권 · 흙 토 · 거듭 중 · 올 래

흙먼지를 일으키며 다시 돌아오다

권토는 전쟁에서 말이나 수레, 병사가 달릴 때 일어나는 흙먼지를 말해요. 실패 후 다시 도전한다면 이전보다 훨씬 힘차게 가야겠지요. 권토중래는 실패했어도 다시 도전하는 것을 뜻하는 말이에요.

교과서 사회 6학년 1학기 1단원 사회의 새로운 변화와 오늘날의 우리

항우의 실패

당나라 시인 두목은 항우가 유방과 싸우다 패하여 자살한 것에 대해 "승패란 병가에서 기약할 수 없는 일이니, 부끄러움을 안고 참을 줄 아는 것이 사나이라네. (중략) 흙먼지 일으키며 다시 쳐들어왔다면 어찌 되었을까?"라고 했어요. 항우가 패한 것에 좌절하지 않고 권토중래했다면, 또 한번 패권을 얻을 수 있지 않았을까 하는 아쉬움을 표현한 것이지요. 이 시에서 유래한 권토중래는 어떤 일에 실패하였으나, 다시 도전하는 것을 비유하는 말이랍니다.

엄홍길의 권토중래

히말라야의 8,000미터 이상 되는 높은 봉우리 16개를 등정한 대기록을 가진 산악인 엄홍길. 그의 첫 번째 도전은 에베레스트를 오르는 것이었어요. 고봉을 하나씩 하나씩 오르면서 그의 목표가 점점 더 많은 봉우리로 확장되어 갔지요. 1998년 안나푸르나에 도전한 엄홍길은 정상을 코앞에 두고, 그만 발목이 180도 돌아가는 큰 부상을 당하고 말았어요. 의사는 다시는 걸을 수 없을 것이라고 했지요. 하지만 그는 포기하지 않았어요. 재활 치료를 통해 권토중래의 정신으로 다시 히말라야 안나푸르나로 향한 엄홍길은 1999년 봄, 정상에 오를 수 있었답니다.

비슷한말

사회부연 死灰復燃

'꺼진 재가 다시 불이 붙었다.'는 뜻으로, 이미 기세를 잃고 사그라들었다고 생각했던 무언가에 다시 불이 붙어 부활한다는 말.

생각해 보자!

여러분은 무언가에 실패했을 때 권토중래해 본 경험이 있나요?

 히말라야는 네팔, 인도, 파키스탄, 중국, 부탄에 걸쳐 있는 산맥이에요. 이곳에는 에베레스트(8,848미터), K2(8,611미터), 칸첸중가(8,586미터), 안나푸르나(8,091미터) 등의 높은 봉우리가 있어요.

파란만장

波 瀾 萬 丈
물결 파 큰 물결 란 일만 만 어른 장

파도 물결의 높이가 만장에 이른다

거센 파도가 일면 그 물결의 높이가 높아지지요. 인생이나 일의 진행이 파도의 높이가 변하듯 변화가 심하고 기복이 있는 것을 가리키는 말이에요.

교과서 도덕 6학년 1단원 내 삶의 주인은 바로 나 – 나의 소원, 김구

민족의 지도자 김구

김구 선생은 이십 대에 일본 군인을 죽여 감옥에 수감되었어요. 일제가 명성황후를 시해한 것에 대한 보복이었지요. 그는 사형 판결을 받았지만, 사형 집행 직전 고종 황제의 특사로 집행이 중지되어 목숨을 지켰어요. 선생은 학교를 세워 학생들에게 애국심을 일깨웠고, 이후 상하이 대한민국 임시 정부의 초대 경무국장이 되었어요. 또한 한인 애국단을 조직해 독립을 위해 큰 노력을 했어요. 그 결과 1945년 8월 15일 꿈에 그리던 광복을 맞이한 그는 통일된 정부를 꾸리고자 애쓰다 뜻밖에 한 육군 소위에 의해 암살당하고 말았어요. 파란만장한 그의 삶은 그렇게 막을 내렸답니다.

돈키호테

한 노신사가 소설을 읽다가 기사 이야기에 빠져들어 정신 이상을 일으켰어요. 소설과 현실이 뒤죽박죽된 그는 자신을 '돈키호테'라 부르며 세상의 부정과 비리를 없애고자 길을 나섰지요. 돈키호테는 풍차가 거인이라며 풍차와 결투를 벌이고, 가상의 공주를 찾아가는 등 이상한 행동을 했어요. 보다 못한 친구가 기사로 변장하여 돈키호테에게 도전했고, 그는 패하고 말았어요. 이후 병에 걸려 앓다가 이성을 되찾게 된 그는 주변 사람에게 용서를 구하며 파란만장한 삶을 마쳤답니다.

비슷한말

우여곡절 迂餘曲折
여러 가지로 뒤얽힌 복잡한 사정이나 변화.

생각해 보자!
여러분이 읽은 책 속 인물 중 파란만장한 삶을 산 인물로 누가 있을까요?

 김구 선생의 호 백범은 가장 천대받던 계급인 백정의 '백'과 평범한 사람을 뜻하는 범부의 '범' 자를 따서 만들었어요. 천한 백정과 배우지 못한 범부까지 애국심을 가지게 하자는 다짐에서 지은 이름이라고 합니다.

후안무치

厚顔無恥
두터울 후 · 낯 안 · 없을 무 · 부끄러울 치

얼굴이 두꺼워 부끄러움이 없다

'얼굴이 두껍다.'라는 말은 부끄러움이 없고, 뻔뻔한 사람을 가리키는 말이에요. 이처럼 후안무치는 잘못한 일에 대해 양심의 가책을 받지 않고, 뻔뻔하게 행동할 때 쓰는 말이지요.

교과서 사회 6학년 1학기 1단원 사회의 새로운 변화와 오늘날의 우리 – 일제의 침략과 광복을 위한 노력

나라를 팔다

1905년, 일본은 우리나라의 외교권을 빼앗기 위해 을사늑약 체결을 강요했어요. 이때 일본에 적극적으로 협조한 대신들 다섯 명을 '을사오적'이라고 해요. 그들은 을사늑약 체결 때 조약에 서명한 이후, 우리나라의 입법, 행정, 사법권을 차근차근 일본에 넘겨주었어요. 그리고 그 대가로 일본에서 높은 지위를 얻었지요. 나라를 팔아서 얻은 돈과 권력으로, 평생 편히 살다 간 후안무치한 사람들이 바로 이완용을 비롯한 을사오적이랍니다.

늑대와 목동

사냥꾼에게 쫓기던 늑대가 목동을 만났어요. 늑대는 자신이 가는 곳을 알려 주지 말라고 사정했지요. 목동은 안심하라고 했어요. 사냥꾼이 나타나 늑대가 어디로 갔는지 묻자, 목동은 늑대가 간 반대 방향을 말해 주면서 눈짓으로는 늑대가 간 방향을 가리켰어요. 사냥꾼은 이를 눈치채지 못하고 목동이 말해 준 방향으로 갔지요. 사냥꾼이 멀어지자 목동이 늑대에게 "내 덕분에 목숨을 건졌으니 보답해야지?"라고 말했어요. 참 후안무치한 목동이지요? 늑대는 목동한 행동을 알고 있었어요. 그래서 입은 고맙지만, 눈은 고맙지 않다며 가 버렸답니다.

비슷한말

철면피 鐵面皮
쇠로 만든 낯가죽이라는 뜻으로, 뻔뻔스럽고 염치없는 사람을 낮잡아 이르는 말.

생각해 보자!
여러분은 후안무치한 사람을 만난 적 있나요? 그 사람이 어떻게 뻔뻔스럽게 행동했는지 생각해 봅시다.

 친일파란 일제 강점기 일본에 협조해 국권 상실을 도왔거나, 일본을 등에 업고 우리 민족을 위험에 처하게 했거나, 독립운동을 방해한 사람들을 칭하는 말이에요. 대표적으로 을사오적 다섯 사람을 들 수 있어요.

상부상조

相扶相助
서로 **상** 도울 **부** 서로 **상** 도울 **조**

서로 의지하고 서로 도움

'백지장도 맞들면 낫다.'는 속담이 있지요. 가벼운 것이라도 같이 들면 한결 나은 것처럼, 어떤 일을 할 때 서로 의지하고 돕는 모습을 상부상조라고 해요.

교과서 국어 6학년 1학기(가) 5단원 속담을 활용해요 – 백지장도 맞들면 낫다

품앗이와 두레

우리 조상들은 농번기나 마을에서 노동이 필요한 일에 주민들이 함께 일을 하는 풍습이 있었어요. 모내기나 김매기, 가을걷이 등을 하려면 많은 일손이 필요한데 이웃에게 일손이 필요할 때 도와주면, 나중에 그 이웃이 일을 해 주어 갚는 방식을 품앗이라고 해요. 품앗이가 개인적으로 노동을 주고받는 일이라면, 두레는 마을 단위로 조직을 만든 뒤 공동으로 필요한 일을 하는 조직을 말해요. 품앗이와 두레 모두 상부상조하는 우리의 좋은 풍습이지요.

커다란 무

할아버지가 무씨를 심고 매일 들여다보며 보살폈어요. 무가 다 자라자 할아버지가 뽑으려고 잡아당겼는데 헛수고였어요. 무가 너무 커서 혼자 힘으로는 뽑을 수 없었지요. 할아버지는 할머니에게 도와달라고 했어요. 이번엔 둘이서 잡아당겼지요. 그러나 엉덩방아만 찧고 말았어요. 손녀와 강아지, 고양이까지 힘을 보탰지만 실패했어요. 마지막으로 생쥐까지 나섰어요. 생쥐는 고양이를, 고양이는 강아지를, 강아지는 손녀를, 손녀는 할머니를, 할머니는 할아버지를 힘껏 잡아당겼지요. 마침내 무가 쑥 뽑혔답니다. 상부상조의 힘으로 무를 뽑을 수 있었어요.

비슷한말

십시일반 十匙一飯
열 사람이 한술씩 보태면 한 사람 먹을 분량이 된다는 뜻으로, 여러 사람이 합하면 한 사람을 돕기 쉽다는 말.

반대말

자기중심 自己中心
남의 일보다는 자기의 일을 먼저 생각하고 더 중요하게 여김.

생각해 보자!

여러분은 친구와 상부상조해 본 경험이 있나요? 그 결과는 어떻고 기분은 어땠나요?

 두레, 품앗이처럼 상부상조하는 우리나라의 전통 풍습 중에 계도 있어요. 두레, 품앗이는 일을 할 때 서로 돕고 같이 하는 것이라면, 계는 돈이나 쌀 등 경제적인 부분에서 서로 돕는 풍습이에요.

격세지감

隔世之感
사이 뜰 **격** 세대 **세** 갈 **지** 느낄 **감**

몰라보게 변하여 아주 다른 세상 같다

"세상 좋아졌네. 우리 때는 이런 거 없었는데."라는 말을 들어 본 적 있나요? 이처럼 세상이 달라졌다고 느끼거나 세대 간에 생각하는 방식이 달라졌다고 느낄 때 쓰는 말이에요.

교과서 국어 4학년 1학기(나) 7단원 사전은 내 친구 – 최첨단 과학, 종이

사라진 고려

"오백 년 도읍지를 필마로 돌아드니
산천은 의구한데 인걸은 간 데 없네.
어즈버 태평연월이 꿈이런가 하노라."

고려에 대한 절의를 지킨 길재의 시조예요. 그는 고려가 멸망한 뒤 수도 송도를 돌아보고 바뀐 세상에 깜짝 놀랐어요. 자연의 모습은 변함이 없었지만 고려의 인재들은 모두 없어졌고, 태평성대를 누렸던 고려의 모습이 사라진 것을 보고 그 시절을 그리워하며 이 시조를 썼지요. 이렇듯 다른 세상에 온 것 같은 느낌을 격세지감이라고 해요.

서울 쥐와 시골 쥐

서울 쥐가 시골에 놀러 왔어요. 그런데 시골 쥐가 내어놓은 음식이 형편없었죠. 서울 쥐는 서울에 맛있는 음식이 많다며 시골 쥐에게 함께 가자고 했어요. 서울에 도착한 시골 쥐는 눈이 휘둥그레졌어요. '이런 세상도 있구나.' 하며 격세지감을 느꼈지요. 서울 쥐의 집 부엌에는 먹을 것도 넘쳐 났어요. 그런데 시골 쥐가 음식을 먹으려 할 때마다 사람이 나타났어요. 결국 쥐구멍으로 도망만 다니느라 하나도 먹지 못했지요. 시골 쥐는 맛있는 것이 많아도 마음 편히 먹을 수 없어 싫다며 시골로 돌아가 버렸어요.

비슷한말

상전벽해 桑田碧海
뽕나무밭이 푸른 바다가 되었다는 뜻으로, 세상이 몰라볼 정도로 변함을 비유한 말.

생각해 보자!

부모님의 어린 시절 이야기를 들어 본 적 있나요? 부모님의 초등학교 생활 이야기를 여쭤보고 지금의 나의 생활과 비교해 어떤 점이 달라졌는지 이야기해 봅시다.

 길재는 고려 때 벼슬을 했으나, 조선이 건국될 때 불사이군(不事二君)을 주장하며 벼슬을 거부했어요. 불사이군이란 두 임금을 섬기지 않는다는 말로, 본래 임금을 부당하게 해치고 새로 왕위에 오른 자를 섬기지 않는다는 뜻이에요.

유구무언

有口無言
있을 유 · 입 구 · 없을 무 · 말씀 언

입이 있으나 할 말이 없다

잘못을 해서 부모님께 꾸중을 들을 때, 마땅히 변명할 것이 없으면 어떻게 하나요? 너무 명백하게 잘못해서 변명할 여지가 없을 때, 입은 있으나 할 말이 없다는 뜻으로 유구무언이라고 해요.

| 교과서 | 국어 4학년 1학기(가) 1단원 생각과 느낌을 나누어요 – 의심 |

패장은 유구무언

'입이 열 개라도 할 말이 없다.'는 말이 있지요. 정말 아무 변명도 할 수 없다는 뜻이에요. 잘못이 분명해 변명의 여지가 전혀 없을 때 쓰는 말이지요. 흔히 '패장은 유구무언'이라고 하는데, 패장(敗將)은 싸움에 진 장수를 뜻해요. 전쟁에서 패한 장수는 뭐라 변명할 말이 없겠지요. 오늘날에는 축구나 야구 등 운동경기에서 패했을 때 팀을 이끄는 감독이 '패장은 유구무언'이라는 표현을 쓰곤 해요. 또한 정치인들이 선거에 패했을 때도 많이 쓰는 표현이랍니다.

곰과 두 친구

친한 친구 둘이서 숲속을 걷다가 곰을 만났어요. 곰을 보고 한 친구는 다른 친구를 내버려 둔 채 재빨리 나무 위로 올라갔지요. 미처 올라가지 못한 친구는 엎드려 죽은 척을 했어요. 곰은 죽은 척한 친구에게 가서 냄새를 맡는 듯 킁킁거리더니 얌전히 돌아갔어요. 나무에서 내려온 친구가 죽은 척했던 친구에게 곰이 뭐라 했냐고 묻자 친구가 말했어요. "위험에 처했을 때 혼자 살려고 도망가는 사람은 친구가 아니라던데?" 나무 위에 올라갔던 친구는 얼굴이 빨개진 채 아무 말도 하지 못했어요. 유구무언이었지요.

비슷한말

소이부답 笑而不答
그저 웃기만 하면서 답을 하지 않는다는 뜻으로, 난처한 질문에 대답하지 않고 슬며시 피함을 이르는 말.

생각해 보자!

여러분은 유구무언의 상황을 겪어 본 적 있나요? 어떤 잘못을 했었는지 생각해 보고, 그때의 기분이 어땠는지 떠올려 봅시다.

 한 연구소에서 〈곰과 두 친구〉 이야기를 확인하기 위해 실험을 했어요. 인형에 옷을 입혀 곰 앞에 놓았더니 곰은 냄새를 맡아 본 후 앞발로 인형을 마구 짓눌렀다고 해요. 곰을 만났을 때 죽은 척하는 것은 소용이 없겠네요.

고사성어 따라 쓰기

이번 장에 나왔던 주요 고사성어의 의미를 떠올리며 한 글자씩 따라 써 보면서 의미를 되새겨 봅시다.

선	견	지	명

신	출	귀	몰

공	명	정	대

일	장	춘	몽

온	고	지	신

관	포	지	교

| 명 | 약 | 관 | 화 |

| 우 | 공 | 이 | 산 |

| 학 | 수 | 고 | 대 |

| 동 | 문 | 서 | 답 |

| 권 | 토 | 중 | 래 |

| 상 | 부 | 상 | 조 |

| 격 | 세 | 지 | 감 |

지성감천

"정성이 지극하면 하늘도 감동한다"

지극한 정성에는 하늘도 감동하여 그 일을 이루게 해 준다는 뜻으로, 어려운 일이라도 정성으로 최선을 다하면 좋은 결과를 맺을 수 있다는 말이에요.

지성감천

至誠感天
이를 지 · 정성 성 · 느낄 감 · 하늘 천

정성이 지극하면 하늘도 감동한다

지극한 정성에는 하늘도 감동하여 그 일을 이루게 해 준다는 뜻으로, 어려운 일이라도 정성으로 최선을 다하면 좋은 결과를 맺을 수 있다는 말이에요.

교과서 국어 2학년 1학기(가) 5단원 낱말을 바르고 정확하게 써요 – 해와 달이 된 오누이

달걀을 포갤 수 있다면

한 관리가 귀양을 가게 되었어요. 아내가 슬퍼하며 언제 돌아오는지 물었지요. 그러자 관리는 "달걀 위에 달걀을 포갤 수 있다면 모를까, 아마 살아서 돌아오지 못할 것 같소."라고 말했어요. 달걀을 포개는 것은 불가능한 일이니 자신이 살아 돌아오는 일은 없을 것이라는 뜻이었지요. 하지만 아내는 매일같이 달걀을 꺼내 놓고 포개지게 해 달라고 정성으로 기도했어요. 어느 날 지성감천이라더니, 임금이 마을에 내려왔다가 아내의 기도 소리를 듣고 정성에 감동하여 귀양 간 남편을 풀어 주었답니다.

해와 달이 된 오누이

호랑이가 일을 다녀오던 어머니를 잡아먹고는, 어머니의 옷과 머릿수건으로 변장을 하고 오누이가 있는 집으로 갔어요. 오누이는 어머니가 아닌 호랑이인 것을 알고 나무 위로 피했지만 호랑이도 부리나케 나무 위로 따라왔지요. 오누이는 간절하게 기도했어요. "하느님, 우리를 살려 주시려면 새 동아줄을 주시고, 죽이려면 썩은 동아줄을 주세요." 지성감천으로 오누이의 간절한 마음이 하늘에 닿아 새 동아줄이 내려왔어요. 호랑이도 오누이와 똑같이 빌어 하늘에서 내려온 동아줄을 잡고 올라갔는데, 그것은 썩은 동아줄이었어요. 결국 호랑이는 떨어져 죽었지요. 오누이는 하늘로 올라가 해와 달이 되었답니다.

비슷한말

난상가란 卵上加卵
달걀을 포갠다는 뜻으로, 지극한 정성을 일컫는 말.

생각해 보자!

여러분은 어떤 일에 대해 간절한 마음으로 정성 들여 기도해 본 적 있나요? 지성감천을 경험해 본 적 있는지 생각해 봅시다.

 오누이는 남자 형제와 여자 형제를 함께 부르는 말로, 남매와 같은 뜻이에요. 오누이에서 '오'는 오빠나 남동생을 뜻하는 오라비를 말하고, '누이'는 누나나 여동생을 뜻하지요.

만사형통

萬事亨通
일만 만 / 일 사 / 형통할 형 / 통할 통

모든 일이 뜻대로 잘 이루어지다

어른들이 새해 인사로 많이 하는 말 중에 '만사형통'이라는 말이 있지요. 일마다 다 잘되라는 뜻으로 하는 말인데요. 모든 일이 뜻하는 대로 두루두루 잘되어 가는 것을 만사형통이라고 해요.

교과서 국어 5학년 1학기(나) 10단원 주인공이 되어 – 잘못 뽑은 반장

일이 술술 풀리는 마법

만사(萬事)는 여러 일을 뜻하고, 형(亨)은 유교 경전 《주역》에 나오는 자연의 네 가지 원리인 사덕(四德) 가운데 하나로 만물을 성장시키는 힘을 말해요. 그래서 형통(亨通)이라는 말은 무슨 일이든 뜻대로 잘되어 가는 것을 뜻해요. 그러나 많은 일은 한창 잘되는 그 순간부터 힘이 빠지기 시작하는 것이 세상의 이치예요. 그래서 일이 순조롭게 진행되어도 마음을 놓아 버리거나 자만하면 안 된다는 의미도 갖고 있는 말이에요.

만파식적의 유래

통일신라 신문왕이 아버지 문무왕을 추모하려고 감은사를 지었어요. 그러자 죽어서 바다 용이 된 문무왕과 하늘의 신이 된 김유신이 합심하여 동해의 한 섬에 대나무를 보냈지요. 신문왕이 이 대나무로 피리를 만들어 부니, 신기한 일이 벌어졌어요. 외적이 쳐들어왔을 때 피리를 불면 그들이 스스로 물러가고, 병을 앓는 사람 앞에서 불면 병이 나았어요. 가뭄에 불면 비가 오고, 홍수가 났을 때 불면 날이 개었어요. 풍랑이 칠 때 피리를 불면 바다 물결이 잠잠해졌어요. 피리 덕분에 나라의 근심이 모두 사라지고 만사형통이었어요. 신문왕은 이 피리에 만파식적(만 개의 파도를 가라앉히는 피리)이라는 이름을 지어 주고 국보로 삼았어요.

반대말

만사휴의 萬事休矣
모든 일이 헛수고로 돌아감을 이르는 말.

생각해 보자!

여러분에게 만사형통하게 해 주는, 만파식적 같은 피리가 생긴다면 어떤 일에 피리를 불고 싶은가요? 시험인가요, 숙제인가요?

 문무왕이 불교의 힘으로 왜구를 막으려고 절을 짓기 시작했어요. 그러나 절이 완공되기 전 병이 나 죽고 말았죠. 신문왕이 아버지의 뜻을 받들어 완공한 절이 감은사예요. 경상북도 경주시에 감은사의 터가 남아 있답니다.

동상이몽

同床異夢
같을 동 / 평상 상 / 다를 이 / 꿈 몽

같은 잠자리에서 다른 꿈을 꾼다

여러분이 동생과 같은 침대에서 잔다고 해서 같은 꿈을 꾸지는 않지요? 서로 같은 처지에 있으면서도 그 생각이 다르거나, 겉으로는 함께 행동하면서도 속으로는 다른 생각을 갖는 것을 동상이몽이라 해요.

| 교과서 | 사회 6학년 1학기 1단원 사회의 새로운 변화와 오늘날의 우리 – 대한민국 정부의 수립과 6·25 전쟁 |

이승만 vs 김구

1945년 8월 15일, 우리나라는 일제 식민 통치에서 벗어났지만 독립 정부를 수립하지 못했어요. 미국과 소련이 분할 통치했기 때문이에요. 남한과 북한은 독립 국가로서 준비를 하면서 서로 다른 주장을 했어요. 유엔의 감시 아래 총선거를 실시해 통일 정부를 수립하자는 안이 제안되었으나, 북한이 거부한 거예요. 결국 유엔에서, 남한에서만 총선거를 치르자고 결의하면서 이승만은 남한만의 정부를 주장했어요. 한편 김구는 통일 정부를 주장했지요. 두 사람의 생각은 동상이몽이었어요.

어부와 황금 물고기

바닷가에 가난한 노부부가 살고 있었어요. 할아버지가 어느 날, 황금 물고기를 잡았어요. 물고기는 자기를 놓아주면 소원을 들어 주겠다고 했지요. 할아버지는 소원이 없다며 물고기를 놓아주었어요. 할머니가 화를 냈어요. 왜 소원을 이야기하지 않았냐고요. 동상이몽이지 뭐예요? 할아버지는 물고기에게 할머니의 소원을 전했어요. 귀족이 되고 싶다, 여왕이 되고 싶다는 할머니의 소원을 물고기는 다 들어주었어요. 그러나 만족하지 못한 할머니는 급기야 용왕이 되어 황금 물고기의 시중을 받고 싶다고 했지요. 그러자 황금 물고기는 사라졌고, 할머니도 예전 가난한 모습으로 되돌아왔답니다.

비슷한말

동상각몽 同牀各夢
같은 잠자리에서 다른 꿈을 꾼다.

생각해 보자!

여러분은 같은 상황에서 친구와 다른 생각을 한 경험이 있나요? 왜 생각이 달랐는지, 친구는 왜 그렇게 생각했는지 돌아볼까요?

 예로부터 침대를 써 왔던 중국에서는 나무로 다리를 세우고 그 위에 널빤지를 댄 침대를 상(床)이라고 해요. 그래서 잠자리에서 일어나는 것을 기상(起床)이라 하고, 병자가 앓아누운 자리를 가리켜 병상(病床)이라고 하지요.

인과응보

因果應報
인할 인 | 맺을 과 | 응할 응 | 갚을 보

원인과 결과는 서로 응한다
인과응보는 어떤 행동이 원인이 되어 결과에 영향을 끼치는 것을 말해요. 좋은 행동에는 좋은 결과가, 나쁜 행동에는 나쁜 결과가 따른다는 뜻이지요.

교과서 국어 활동 1학년 1학기 8단원 소리 내어 또박또박 읽어요 – 곰과 여우

불교의 사상

인과응보는 예로부터 불교에서 사용하던 용어로, 원인이 있으면 반드시 그에 맞는 결과가 있다는 뜻이에요. 불교에서는 지금 삶의 이전에 전생(前生)이 있다고 보았어요. 그래서 전생의 삶이 선했는지, 악했는지에 따라 현재의 행복과 불행이 결정된다고 생각했지요. 또한 이번 생에서의 선악의 결과는 다음 생으로 연결된다고 생각했어요. 이러한 인과응보의 논리는 자연히 '선을 권하고 악한 것을 벌한다.'는 뜻의 권선징악으로 연결되었지요. 원래는 불교 용어였지만 오늘날에는 일상적으로 쓰이는 말이 되었답니다.

말과 당나귀

한 남자가 당나귀와 말을 가지고 있었는데 주로 당나귀에 많은 짐을 싣고 다녔어요. 당나귀는 등에 가득 찬 짐 때문에 힘든데, 말은 항상 옆에서 가벼운 짐을 싣고 가면서 당나귀를 놀려 댔지요. 어느 날, 당나귀가 무거운 짐을 싣고 가다 힘들어서 말에게 부탁했어요. "나 너무 힘든데, 내 짐을 조금 가져가 줄 수 있니?" 말은 매몰차게 거절했지요. "나도 짐이 있거든. 이것도 무거워." 그러다 지칠 대로 지친 당나귀가 쓰러지고 말았어요. 결국 주인은 당나귀의 짐을 모두 말의 등에 옮겼어요. 게다가 쓰러진 당나귀까지 올려놓았지요. 말은 당나귀의 부탁을 거절한 인과응보로 그 대가를 톡톡히 치렀답니다.

비슷한말

종두득두 種豆得豆
콩을 심으면 반드시 콩이 나온다는 뜻으로, 원인에 따라 결과가 생김을 이르는 말.

생각해 보자!
여러분은 생활하면서 인과응보를 경험해 본 적 있나요? 그걸 어떻게 받아들였나요?

 윤회(輪廻)란 인간의 삶이 죽음으로 끝나는 것이 아니라 또 다른 세상에 태어나고, 죽는 삶을 반복한다는 불교와 힌두교의 교리예요. 윤회는 현재의 삶이 전생의 삶의 결과이며, 이번 생이 다음 생의 원인이라 생각한답니다.

임전무퇴

臨戰無退
임할 **임** 싸움 **전** 없을 **무** 물러날 **퇴**

전쟁에 나가 물러서지 않는다

임전무퇴는 신라의 화랑이 지켜야 할 다섯 가지 덕목 중 하나로, 전쟁에 나가서 물러서지 않고 맞서 싸워야 한다는 뜻이에요.

| 교과서 | 사회 5학년 2학기 1단원 옛사람들의 삶과 문화 – 나라의 등장과 발전 |

화랑과 세속오계

옛 신라 진평왕 때 화랑 귀산과 추항이 원광국사에게 일생을 두고 경계할 것이 무엇인지 알려 달라고 청했어요. 원광국사가 그에 대한 답으로 세속오계를 주었지요. 신라 시대 화랑이 지켜야 했던 세속오계는 충과 효, 신의와 희생정신 그리고 인간성 존중을 말하는 다섯 가지 계율로 이루어져 있어요. 그중 임전무퇴는 강렬한 공동체 의식과 숭고한 희생정신을 말하고 있답니다.

관창의 희생

당나라와 연합해 백제를 공격한 신라는 황산벌 전투 초반에 백제의 기세에 밀리고 있었어요. 죽을 각오를 하고 나온 계백과 백제군을 상대하기란 쉽지 않았지요. 당시 신라는 여러 번 패해서 사기가 꺾여 있었어요. 그때 어린 화랑 관창은 임전무퇴의 정신으로 홀로 말을 타고 백제군의 진영으로 갔어요. 계백이 관창을 잡고 보니 너무 어려서 죽이지 않고 돌려보냈지요. 하지만 관창은 다시 찾아가 "나를 죽이라."며 호통을 쳤어요. 계백은 할 수 없이 관창을 죽이고 목을 말에 묶어 신라군에게 보냈지요. 신라군은 임전무퇴의 정신을 발휘한 관창의 희생에 자극을 받았고, 그 기세로 백제군을 물리칠 수 있었답니다.

세속오계

사군이충 事君以忠
임금을 충성으로써 섬김.

사친이효 事親以孝
어버이를 효도로써 섬김.

교우이신 交友以信
신의로써 벗을 사귐.

임전무퇴 臨戰無退
싸움에 임하여 물러섬이 없음.

살생유택 殺生有擇
산 것을 죽일 때 가려서 죽임.

생각해 보자!

여러분이 물러서지 않고 임해야 할 것은 무엇일까요?

 신라 진흥왕은 전쟁에 대비한 군사를 양성하기 위해 인재들을 모아 화랑(花郎)을 조직했어요. 용모와 품행이 단정한 15~18세 정도의 사내아이들이었지요. 화랑들은 세속오계를 지키며 몸과 마음을 바르게 수련했어요.

난공불락

難攻不落
어려울 난 공격할 공 아닐 불 떨어질 락

공격하기가 어려워 쉽사리 함락되지 않다

옛날에는 다른 나라의 공격에 대비해 성을 쌓았어요. 그중 쉽게 무너지지 않는 성을 가리켜 난공불락이라 했지요. 오늘날에는 어떤 일을 이루기가 아주 어려울 때 쓰는 말이에요.

교과서 국어 6학년 1학기(가) 2단원 이야기를 간추려요 – 황금 사과

남한산성

적이 접근하기 어려운 산꼭대기에 단단하고 높은 벽을 쌓아 방어하도록 만든 것이 산성이지요. 경기도 광주시에 있는 남한산성도 방어의 목적으로 지어진 성이에요. 1636년 12월, 청나라의 10만 대군이 쳐들어온 병자호란이 일어났어요. 인조와 신하들은 남한산성으로 대피했지요. 그러자 청나라 10만 대군이 성을 에워싸 갇힌 상황이 되었는데, 성 안의 백성들이 먹을 식량은 50일분뿐이었어요. 추위와 굶주림에 시달리는 백성들을 두고 더 이상 항전할 기력을 잃은 인조는 마침내 항복을 결정했어요. 비록 전쟁에서는 패했지만 남한산성은 청나라 군사를 포함해 누구도 함락시키지 못한 난공불락의 요새였어요.

트로이 목마

고대 그리스의 시인 호메로스의 《일리아드》에 나오는 트로이 목마 이야기예요. 그리스는 트로이를 둘러싸고 10여 년간 싸웠으나 난공불락인 트로이 성을 함락시키지 못했어요. 그래서 커다란 목마를 만들어 30여 명의 군인을 그 안에 매복시킨 후, 이 목마를 버리고 달아난 척했어요. 트로이 사람들은 목마를 승리의 상징으로 생각하고 성 안으로 들여놓았어요. 그날 밤, 목마 속의 군인들은 성문을 열어 그리스 군대를 성 안으로 들여 난공불락의 성을 함락시켰어요. 결국 긴 전쟁은 그리스의 승리로 막을 내렸답니다.

비슷한말

철옹성 鐵甕城
쇠로 만든 독처럼 튼튼히 쌓아 올린 성. 무너지지 않을 만큼 단단한 대상.

생각해 보자!

여러분에게 난공불락인 일이 있나요? 노력해도 쉽게 이루기 힘든 일은 무엇인지 생각해 봅시다.

 유네스코(국제 연합 교육 과학 문화 기구)에서는 인류를 위해 보호되어야 할 보편적 가치가 있다고 인정되는 문화재를 세계 문화유산으로 등재하고 있어요. 남한산성은 2014년 세계 문화유산으로 등재되어 그 가치를 인정받았어요.

수수방관

袖手傍觀
소매 수 / 손 수 / 곁 방 / 볼 관

팔짱을 끼고 보고만 있다

수수방관은 소매에 손을 넣는다는 뜻의 '수수'와 곁에서 바라보기만 한다는 '방관'이라는 말이 합쳐진 말로, 일을 해결하지 않고 바라보기만 한다는 뜻이에요.

교과서 국어 6학년 2학기(나) 5단원 글에 담긴 생각과 비교해요 – 착한 사마리아인의 법

국채보상운동

1900년대 초, 일본은 대한 제국에 식민지 시설을 건설해야 한다며 막대한 빚을 지도록 강요하고, 그 빚을 빌미로 대한 제국에 대한 영향력을 키워 갔어요. 대구 시민들은 "이 빚을 국민이 갚자."며 국채보상운동을 시작했지요. 이 운동은 전국으로 퍼져 나가 남자들은 술과 담배를 끊고, 여자들은 비녀와 가락지를 내놓았어요. 어느 날 이 모금을 주관하는 〈대한매일신보〉에 기사가 났어요. 모두 힘을 합하고 있는데 일부 부자들과 벼슬아치들이 수수방관하고 있다고요. 결국 일본이 이 운동을 탄압하기 시작했고, 국채보상운동은 실패로 끝나고 말았답니다.

부부의 떡 다툼

식탐 많은 노부부가 살았어요. 어느 날 할아버지가 잔칫집에서 얻어 온 떡을 둘이서 맛나게 먹다 하나가 남으니 다투게 되었어요. 그래서 먼저 말을 하지 않는 사람이 떡을 먹기로 했지요. 마침 집에 도둑이 들어왔지 뭐예요. 두 사람은 말을 하면 떡을 뺏길까 도둑을 수수방관했어요. 도둑은 값나가는 물건을 죄다 훔쳐 갔지요. 할머니가 "도둑이 들었는데도 가만 있느냐?"고 하자 할아버지는 냉큼 떡을 집어 먹었답니다.

비슷한말

오불관언 吾不關焉
나는 관여하지 않는다는 뜻. 즉 어떤 일에 상관하지 않고 모른 체함.

비슷한 속담

강 건너 불구경하듯 한다
자기에게 관계없는 일이라고 무관심하게 방관하는 모양.

생각해 보자!
여러분은 어떤 일에 수수방관하는 사람을 본 적 있나요? 여러분은 그런 적 없나요?

 일본의 강요로 대한 제국이 진 빚은 약 1,300만 원이었어요. 당시 대한 제국의 1년 예산과 비슷한 금액이었지요. 국채보상운동은 빚을 갚지는 못했지만, 백성들의 힘을 모아 일제에 대항하는 의지를 보여 준 의미 있는 일이었어요.

오리무중

五里霧中
다섯 오 · 마을 리 · 안개 무 · 가운데 중

오 리나 되는 짙은 안개 속

짙은 안개 속에 들어가면 앞이 잘 보이지 않아 길을 찾기 힘들지요. 무슨 일에 대하여 알 길이 없거나, 어떤 일에 대해 어떻게 판단해야 할지 갈피를 잡지 못하는 것을 오리무중이라고 해요.

교과서 국어 4학년 2학기(나) 9단원 감동을 나누며 읽어요 – 지하 주차장

안개 속에 숨다

중국에 '장해'라는 학자가 살았어요. 그는 학식이 높기로 소문이 나서 따르는 제자가 많았고, 학자들과 세도가들도 그와 친해지려 애썼어요. 그러나 그는 어울리기를 싫어했지요. 그는 학문뿐 아니라 도술에도 능해 멀리 오 리가 안 보일 만큼 안개를 만들 수 있었어요. '배우'라는 사람이 오 리 안개를 배우고자 장해를 찾아왔는데, 장해는 오 리 안개를 만들어 그 안에 숨어서 만나 주지 않았지요. 여기에서 오리무중이라는 말이 생겼답니다.

도깨비 감투

한 선비가 머리에 쓰면 모습이 사라지는 감투를 가진 도깨비를 만났어요. 도깨비는 제사 음식을 먹으러 가자며 선비에게 감투를 씌웠어요. 선비가 음식을 먹자 사람들이 깜짝 놀랐어요. 선비가 먹으면 음식이 사라졌거든요. 감투 쓴 선비는 제사 음식을 먹고 급기야 도둑질까지 했어요. 온 동네가 도둑을 맞아 난리인데 범인의 존재는 오리무중이었지요. 어느 날 아내가 감투를 화롯불에 태워 버리자, 선비는 옷을 벗고 감투의 재를 몸에 바르고 제사 음식을 먹으러 갔어요. 그런데 몸에서 재가 떨어져 나와 벌거벗은 선비의 모습이 드러나고 말았답니다.

선생님이 어디에 계신지 도무지 알 길이 없군.

비슷한말

미궁 迷宮
들어가면 나올 길을 쉽게 찾을 수 없게 되어 있는 곳. 사건, 문제 따위가 얽혀서 쉽게 해결하지 못하게 된 상태.

생각해 보자!

여러분은 오리무중의 상태를 경험해 본 적 있나요? 그때 기분이 어땠는지, 해결책은 어떻게 찾았는지 생각해 봅시다.

 1리는 약 0.4킬로미터를 말해요. 5리는 약 2킬로미터지요. 지도에서 찾아보면 2킬로미터는 어른 걸음으로 30분 정도 걸리는 거리예요. 30분을 걸어가야 하는 곳까지 안개로 가득 차 있는 모습이 오리무중이랍니다.

구사일생

九死一生
아홉 구 죽을 사 한 일 살 생

아홉 번 죽을 뻔하다 한 번 살아나다

'아홉 번 죽을 뻔했다.'는 말은 실제로 아홉 번의 위기가 왔다는 것이 아니라 그만큼 죽을 고비가 많았거나, 죽을 만큼 위험한 순간을 지나왔음을 뜻하는 말이에요.

| 교과서 | 사회 6학년 1학기 1단원 사회의 새로운 변화와 오늘날의 우리 – 피란민의 생활 살펴보기 |

목숨보다 중요한 것

"긴 한숨과 눈물로 인생의 고난을 슬퍼하네.
그러나 스스로 마음이 선하다고 믿기에
아홉 번 죽더라도 후회할 일은 하지 않을 것이다."

초나라 시인이자 정치가인 굴원이 쓴 시예요. 강직한 그는 아첨하는 신하들을 보고 왕에게 신하들의 말을 잘 가려서 들으라고 조언했어요. 그러나 왕은 오히려 그를 유배 보냈어요. 이 시에서 비롯된 구사일생은 오늘날 죽을 고비를 여러 차례 넘기고 겨우 살아남았다는 의미로 쓰인답니다.

주먹이

한 부부가 주먹 크기의 아이를 낳아 '주먹이'라고 부르며 예뻐했어요. 어느 날 아빠가 낚시를 가면서 주머니에 주먹이를 넣고 갔어요. 아빠가 잠든 사이 주먹이는 세상 구경을 했어요. 그런데 커다란 소가 주먹이를 삼켰어요. 주먹이는 열심히 기어서 똥과 함께 밖으로 나왔지요. 이번엔 솔개가 주먹이를 낚아챘어요. 그때 독수리의 공격에 솔개가 주먹이를 놓쳤는데 그 아래에 붕어가 입을 벌리고 있지 않겠어요? 마침 낚시를 하고 있던 아빠가 주먹이를 먹은 붕어를 잡았어요. 붕어 배를 가르자 주먹이가 튀어 나왔지요. 주먹이는 구사일생으로 살아났어요.

비슷한말

만사일생 萬死一生
만 번의 죽을 고비에서 살아나다. 수많은 난관을 극복하고 겨우 죽음을 모면한다는 뜻.

생각해 보자!

여러분이 만약 초나라의 굴원이었다면 왕에게 진실된 조언을 할 수 있을까요?

 굴원은 충성했던 초나라가 망하자 이를 한탄하며 강에 뛰어들어 자결했다고 해요. 중국에서는 굴원이 죽은 음력 5월 5일을 단오라 하고 그를 기리는 날로 정했어요. 이 날이 우리나라에도 건너와 명절 단오가 되었답니다.

어불성설

語 不 成 說
말씀 어 · 아닐 불 · 이룰 성 · 말씀 설

말이 말로 이루어지지 않는다

가끔 도무지 이해할 수 없는, 논리에 맞지 않는 말을 하는 사람을 만나는 경우가 있지요? 그렇게 이치에 맞지 않는, 말도 안 되는 말을 어불성설이라고 해요.

교과서 사회 3학년 1학기 2단원 우리가 알아보는 고장 이야기 – 옛 이야기에 남겨 있는 고장의 모습을 알아봅시다

탄천 이야기

옥황상제가 너무 오래 산 동방삭을 잡아오라고 저승사자를 보냈어요. 저승사자는 동방삭을 어떻게 알아볼까 고민하다 냇가에서 숯을 씻기로 했어요. 지나가던 동방삭이 저승사자에게 "숯을 물에 씻는 이유가 무엇이오?" 하고 묻자 저승사자는 "숯을 하얗게 만들려고 씻는다오."라고 했어요. 그러자 동방삭이 저승사자의 어불성설에 웃으며 "내가 삼천갑자를 살았지만 처음 듣는 소리구나."라고 했어요. 저승사자는 삼천갑자를 살았다는 것을 보니 동방삭이 틀림없다며 그를 잡았어요. 저승사자가 숯을 씻고 있던 냇가가 경기도 성남의 탄천이랍니다.

나이 자랑

동물들이 서로 나이 자랑을 했어요. 사슴은 천지가 개벽할 때 자신이 그 일을 도왔다 하고, 토끼는 그때 사용한 사다리를 만든 나무를 자기가 심었다고 했지요. 그러자 두꺼비가 갑자기 울면서 말했어요. "나의 세 아들이 각각 나무를 한 그루씩 심었네. 큰아들은 그 나무로 하늘에 별을 박을 때에 쓴 망치 자루를 만들고, 둘째는 은하수를 팔 때에 쓴 삽자루를 만들고, 셋째는 해와 달을 박을 때에 쓴 망치 자루를 만들었네. 아들 셋 모두 그때 과로하여 죽었는데 문득 죽은 자식들이 생각나는구나." 결국 두꺼비가 제일 어른으로 판정되었어요. 어불성설이 정말 대단하지요.

비슷한말

어불근리 語不近理
말이 도무지 이치에 맞지 않다.

생각해 보자!

여러분 주변에서 어불성설하는 사람을 본 적 있나요? 그때 어떻게 대답했는지 떠올려 봅시다.

 중국 전한의 문인 동방삭이라는 사람은 갑자년을 삼천 번 겪으며 18만 년 동안 살았다고 전해져요. 지금은 장수하는 사람을 비유해 '삼천갑자 동방삭'이라 말한답니다.

낭중지추

囊中之錐
주머니 낭 / 가운데 중 / 갈 지 / 송곳 추

주머니 속 송곳
주머니 속에 송곳을 넣으면 어떻게 될까요? 뾰족한 송곳이 주머니를 뚫고 나오겠지요. 이렇게 뚫고 나오는 송곳처럼 뛰어난 재능을 가진 사람은 남의 눈에 띄게 된다는 뜻이에요.

| 교과서 | 사회 5학년 2학기 1단원 옛사람들의 삶과 문화 – 세종 대에 이루어 낸 발전에는 무엇이 있는지 알아봅시다 |

모수와 송곳

조나라 평원군의 집에는 재능 있는 선비들(식객)이 수천 명 있었어요. 진나라의 습격을 받은 조나라는 평원군에게 초나라에 도움을 청하러 가라고 했지요. 평원군은 식객과 제자 중 우수한 20명을 뽑았는데 한 명이 부족했어요. 그때 모수라는 사람이 자신을 추천했어요. 평원군은 "현명한 선비라면 주머니 속 송곳처럼 드러나 보이는 법인데 당신은 내가 잘 모르오."라며 거절했어요. 모수는 "저를 넣어 주십시오. 저를 좀 더 일찍 주머니 속에 넣었다면, 송곳 자루까지 밖으로 나왔을 것입니다."라고 말했어요. 모수는 함께 초나라로 갔고 큰 활약을 하였답니다.

발명왕 장영실

장영실은 무엇이든 잘 만들었어요. 부서진 농기구도 척척 고치고 기발한 아이디어로 기구를 만드는 재주가 있었지요. 하지만 그는 신분이 낮은 노비였어요. 조선 시대의 노비는 주인이 시키는 일만 해야 했지요. 하지만 낭중지추라고 그의 손재주는 임금님 귀에 전해졌어요. 장영실은 세종의 명에 따라 천문 관측기구 간의, 혼천의 그리고 해시계 앙부일구, 물시계 자격루, 비의 양을 재는 측우기까지 만들었지요. 그의 발명품은 백성들의 삶에 큰 도움을 주었답니다.

비슷한말

추처낭중 錐處囊中
송곳이 주머니에 있으면 그 끝이 밖으로 뚫고 나오는 것과 같이 재능 있는 사람은 머지않아 그 재능이 알려지기 마련임을 비유적으로 이르는 말.

생각해 보자!
여러분은 남달리 잘하는 자신만의 특별한 재주가 있나요? 낭중지추로 드러날 여러분만의 재주는 무엇인지 생각해 봅시다.

 조선 시대에는 신분제도가 있었어요. 제일 높은 신분인 양반은 글공부로 벼슬에 오를 수 있었고, 중인은 의원, 기술 관료 등의 직업을 가졌어요. 상민은 농사를 짓거나 장사를 했고, 가장 낮은 신분인 천민은 노비, 광대, 백정이었지요.

교언영색

巧言令色
교묘할 교 | 말씀 언 | 명령할 영 | 빛 색

남의 환심을 사기 위해 교묘히 꾸며서 하는 말과 아첨하는 얼굴빛

나의 이익을 위해 다른 사람에게 사실과 다르게 온갖 좋은 말로 속이는 것을 뜻하는 말이에요. 다른 사람의 마음을 얻으려고 아첨하는 태도를 말하지요.

교과서 도덕 3학년 4단원 아껴 쓰는 우리 – 덕이의 망설임

온갖 좋은 말로 속이다

제나라의 추기는 외모에 자신이 있어, 잘생겼다 소문난 서공과 자신 중 누가 더 잘생겼냐고 주변에 물었어요. 사람들은 추기가 더 잘생겼다고 추켜 주었어요. 그런데 서공을 본 추기는 깜짝 놀랐지요. 자신보다 훨씬 잘생긴 외모였기 때문이에요. 그는 사람들이 자신에게 잘 보이려 거짓말을 한 것을 알았어요. 후에 재상이 된 추기는 간신들의 교언영색을 보고 왕에게 말했어요. "신하들이 온갖 좋은 말로 속이고 있습니다. 거짓과 진실을 새겨들으셔야 합니다." 왕은 아첨하는 신하를 가려내고, 잘못을 지적하는 충신의 말을 들어 나라를 잘 다스렸답니다.

별주부전

바다 속 용왕이 병이 나 약을 써도 낫지 않았어요. 토끼 간을 먹으면 낫는다는 말을 듣고 자라에게 토끼를 잡아오라 명했지요. 자라는 벼슬을 주겠다고 토끼를 꼬드겼어요. 토끼는 벼슬 생각에 신이 났지요. 그런데 용궁에 도착해 보니 벼슬은커녕 토끼에게 간을 내놓으라고 했어요. 토끼는 육지에 간을 꺼내 놓고 왔다며 가져오겠다고 했지요. 육지로 돌아온 토끼는 자라에게 말했어요. "누가 간을 빼놓고 다니니?" 교언영색의 자라가 토끼의 꾀에 지고 말았네요.

비슷한말

감언이설 甘言利說
달콤한 말과 이로운 말. 상대방을 현혹시키기 위해 달콤한 말과 이득이 될 만한 말로 속인다는 뜻.

생각해 보자!

여러분은 다른 사람에게 잘 보이기 위해 사실과 다르게 이야기한 적 있나요? 그런 행동을 하게 된 이유가 무엇인지 생각해 봅시다.

 교언영색은 공자가 쓴 《논어》에 나온 말이에요. 공자는 "교묘한 말과 아첨하는 얼굴을 하는 사람은 어진 사람이 적다."라며 교언영색한 사람을 경계했다고 해요.

호시탐탐

虎視耽耽
범 호 · 볼 시 · 즐길 탐 · 즐길 탐

호랑이가 눈을 부릅뜨고 먹이를 노려본다

여러분은 TV에서 먹이를 노리는 호랑이의 눈빛을 본 적 있나요? 호시탐탐은 먹이를 찾는 호랑이가 공격할 기회를 엿보듯 공격이나 침략의 기회를 노리는 모양을 뜻하는 말이에요.

교과서 사회 6학년 1학기 1단원 사회의 새로운 변화와 오늘날의 우리 – 새로운 사회를 향한 움직임

호랑이가 먹이를 노리듯

《주역》에 "호시탐탐하여 그 욕심을 쫓아가면 허물이 없다."라는 말이 있어요. '탐탐'이라는 말은 노려본다는 말로 욕망을 채우기 위해 기회를 노리며 지켜보는 것을 뜻하는 말이지요. 호랑이가 두 눈을 부릅뜨고 먹이를 노려보는 것처럼, 욕심을 따라가는 것을 잘못이라 나무랄 수 없다는 뜻이에요. 오늘날에는 호시탐탐이라는 말이 어떤 일을 지켜보면서 내게 기회가 오기를 노린다는 뜻으로 주로 사용되지요.

늑대와 일곱 마리 아기 염소

엄마 염소가 외출하며 아기 염소들에게 늑대를 조심하라고 했어요. 그때 아기 염소를 호시탐탐 노리던 늑대가 염소의 집 문을 두드렸지요. 마치 엄마 염소인 것처럼요. 늑대는 분필을 먹어 엄마 목소리를 흉내 내고, 밀가루로 앞발을 하얗게 만들었어요. 아기 염소들이 문을 열어 주자 늑대는 모두 잡아먹었어요. 벽시계에 숨은 막내 염소만 빼놓고요. 집에 돌아온 엄마와 막내 염소는 늑대를 찾으러 갔어요. 늑대는 풀밭에서 자고 있었지요. 엄마 염소는 늑대의 배를 갈라 아기 염소들을 구해 내고, 그 뱃속에 돌을 넣고 꿰맸어요. 잠에서 깬 늑대는 물을 마시려다 앞으로 기울어져 강물에 퐁당 빠지고 말았답니다.

반대말

도외시 度外視
안중에 두지 아니하고 무시하거나 문제 삼지 않음을 뜻하는 말.

생각해 보자!

여러분이 만약 호랑이라면, 눈앞에 먹이를 두고 지켜보는 기분이 어떨지 상상해 봅시다.

 《늑대와 일곱 마리 아기 염소》는 독일의 형제 작가 그림 형제의 동화예요. 그림 형제는 독일에서 전해 내려오는 옛날이야기들을 모아 동화로 만들었는데 《백설 공주》, 《빨간 모자》, 《헨젤과 그레텔》 등이 있답니다.

결자해지

結者解之
맺을 결 / 놈 자 / 풀 해 / 어조사 지

매듭을 묶은 자가 풀어야 한다

여러분은 매듭을 묶고 풀어 본 적 있나요? 결자해지는 매듭을 묶은 사람이 풀어야 한다는 말로, 일을 저지른 사람이 그 일을 끝까지 책임지고 해결해야 한다는 뜻이에요.

교과서 국어 6학년 1학기(나) 8단원 인물의 삶을 찾아서 – 버들이를 사랑한 죄

맺은 자가 풀어라

결자해지는 조선의 홍만종이 지은 문학평론집 《순오지》에 나오는 말로 "맺은 자가 풀고, 시작한 자가 끝까지 책임져야 한다."라는 뜻이에요. 일을 시작했는데 잘 풀리지 않거나 예상과 다르게 흘러갈 때에도 그 일을 끝까지 책임지고 해결해야 한다는 말이지요.

아인슈타인의 결자해지

아인슈타인은 1905년 시간과 공간, 빛에 대한 생각을 정리한 특수 상대성 이론을 발표하고 1916년에는 일반 상대성 이론을 발표했어요. 그는 1921년에 노벨 물리학상을 받았지요. 세상은 상대성 이론을 통해 질량이 에너지로 바뀌면 엄청난 에너지가 나온다는 것을 알게 되었어요. 독일은 이 이론으로 원자 폭탄을 만들려고 했지요. 아인슈타인은 미국 대통령 루스벨트에게 무기를 만들어서 독일을 막아야 한다고 편지를 썼어요. 미국이 먼저 만들면 독일이 포기할 것이라고 생각했지요. 뜻밖에도 원자 폭탄을 만든 미국은 전쟁을 서둘러 끝내기 위해 일본에 폭탄을 떨어뜨리고 말았어요. 아인슈타인은 자신의 연구 결과가 사람을 죽이는 무기로 쓰인 것에 무척 괴로워했어요. 그는 결자해지를 위해 핵무기 사용 금지 운동에 앞장서며 평화를 위해 노력했답니다.

내가 찾아낸 상대성 이론으로 핵무기를 만들다니…. 핵무기를 폐기해 세계의 평화를 지킵시다!

비슷한말

자승자박 自繩自縛
자기의 줄로 자기를 묶는다는 말로, 자기가 자기를 망치게 한다는 뜻.

생각해 보자!

여러분은 자신이 시작한 일을 힘들지만 끝까지 책임지고 해결한 경험이 있나요?

 아인슈타인은 상대성에 대해 이렇게 설명했어요. "아름다운 여자의 마음에 들려고 노력할 때는 1시간이 마치 1초처럼 흘러간다. 그러나 뜨거운 난로 위에 앉아 있을 때는 1초가 마치 1시간처럼 느껴진다. 그것이 바로 상대성이다."

전전긍긍

戰戰兢兢
싸울 전 · 싸울 전 · 삼갈 긍 · 삼갈 긍

겁을 먹고 벌벌 떨며 몸을 움츠리다

전전(戰戰)이란 겁을 집어먹고 떠는 모양을, 긍긍(兢兢)은 몸을 삼가고 조심하는 것을 뜻하는 말로 위기감에 절박해진 심정을 비유한 말이에요.

| 교과서 | 국어 활동 4학년 1학기 1단원 생각과 느낌을 나누어요 – 수사슴의 뿔과 다리 |

무서운 정치

"두려워서 벌벌 떨며 조심하기를
마치 깊은 연못에 임한 것같이 하고,
살얼음 밟듯이 해야 하네."

《시경》에 실린 시의 일부분이에요. 이 시는 백성을 괴롭히는 나쁜 정치를 한탄하며 쓰였어요. 무서운 정치 때문에 깊은 연못가에 있는 것처럼, 또는 살얼음을 밟는 것처럼 불안에 떨며 조심한다는 뜻이지요. 이때의 전전긍긍은 스스로가 자신을 반성하며 조심한다는 좋은 의미의 두려움이에요. 오늘날에는 그 뜻이 바뀌어 잘못을 저질러 놓고 발각될까 봐 두려워하는 것, 혹은 어떤 사건의 여파가 자신에게 미칠까 불안에 떠는 것을 의미한답니다.

수사슴의 뿔과 다리

연못에 비친 자신의 모습을 보던 수사슴은 자신의 뿔이 참 멋지다는 생각이 들었어요. 하지만 동시에 자신의 가는 다리가 너무 볼품없다고 생각했지요. 그런데 어디선가 사냥개 짖는 소리가 들려왔어요. 사냥꾼이 가까이 있는 것 같아 급히 도망을 치는데 그만 사슴의 멋진 뿔이 나뭇가지에 걸리고 말았어요. 사냥개 짖는 소리는 점점 가까워지는데 도무지 나뭇가지에 걸린 뿔이 빠지지 않아 사슴은 전전긍긍하고 있었지요. 그래도 사슴은 포기하지 않고 가늘지만 튼튼한 다리로 힘껏 발버둥을 쳤고 마침내 나뭇가지에서 빠져나올 수 있었답니다.

비슷한말

소심익익 小心翼翼
세심하고 조심성이 많다는 뜻으로, 마음이 작고 약하여 작은 일에도 겁을 내는 모양.

생각해 보자!

여러분은 어떤 일 때문에 전전긍긍해 본 경험이 있나요? 어떻게 극복했는지 떠올려 봅시다.

 《시경》은 춘추 시대의 민요를 중심으로 모은, 중국에서 가장 오래된 시집이에요. 공자가 간추려 정리한 것으로 알려져 있고, 오늘날 305편이 전해지고 있어요.

일치단결

一 致 團 結
한 일 도달할 치 둥글 단 맺을 결

모두 하나로 뭉쳐 굳게 결합하다

운동회 때 줄다리기하면서 다함께 힘을 합쳐 본 경험이 있지요? 혼자 하는 것보다 여럿이 같은 마음으로 함께하면 그 힘이 훨씬 커져요. 모두 하나로 뭉쳐서 함께하는 것을 일치단결이라고 해요.

교과서 국어 3학년 1학기(가) 1단원 재미가 톡톡톡 – 으악, 도깨비다

단결하여 투쟁하자!

1927년에 만들어진 신간회는 민족주의자, 사회주의자 등 다른 사상을 가진 사람들이 모인 단체였다는 점에서 일제의 주목을 받았어요. 그들은 일제의 식민 통치로부터 독립하기 위해서는 사상을 막론하고 일치단결하는 것이 중요하다고 생각했어요. 하지만 1931년, 사상이 다른 사람들끼리의 일치단결에 실패해 결국 해산됐답니다.

재주꾼 오 형제

힘이 장사인 단지손, 콧김이 센 콧김손, 많은 오줌을 누는 오줌손, 배를 끌고 다니는 배손, 그리고 무쇠 신을 신은 무쇠손이 의형제를 맺었어요. 오 형제가 길을 가는데 호랑이가 나타나 내기를 제안했어요. 하지만 힘센 단지손이 다 이겼어요. 그러자 화가 난 호랑이가 나무에 불을 붙였지요. 불길이 오 형제를 덮치려는 순간 오줌손의 오줌으로 불이 꺼지고, 그 오줌은 강이 됐어요. 배손이 배를 띄워 모두 올라탔는데 호랑이는 강에 빠져 허우적거렸지요. 그때 콧김손의 콧김에 찬바람이 불어 강이 얼면서 호랑이도 얼었는데 무쇠손이 무쇠발로 얼어붙은 호랑이를 물리쳤어요. 일치단결한 오 형제에게 호랑이가 큰코다쳤네요.

비슷한말

대동단결 大同團結
여러 단체나 정당, 당파가 서로 대립하는 작은 문제를 무시하고, 큰 목적을 위해서 일치단결함을 이르는 말.

생각해 보자!

우리 역사에서 일치단결하여 국난을 극복한 사례를 찾아보고, 당시 사람들이 어떤 활동을 했는지 떠올려 볼까요?

 신간회 이름은 '고목에서 새 가지가 돋는다.'(新幹出古木)는 말에서 따왔어요. 일제로부터 독립을 꿈꾸며 오래된 나무에서 새 가지가 나는 것처럼, 새 희망을 꿈꾼 그들의 마음을 알 수 있어요.

표리부동

表 裏 不 同
겉 표 속 리 아닐 부 같을 동

겉과 속이 같지 않다

표리부동은 속마음과 달리 행동하거나 말하는 것을 뜻해요. 겉은 훌륭해 보이나 속은 그렇지 못한 것, 앞에서는 친절하게 굴고선 뒤에서 비난하고 배신하는 경우처럼 진실되지 못한 성품을 가리키지요.

| 교과서 | 사회 6학년 1학기 1단원 사회의 새로운 변화와 오늘날의 우리 – 을사늑약의 과정 |

사이비 군자

공자는 높은 도덕성을 가진 사람을 군자라 하며 누구나 군자가 되기 위해 노력해야 한다고 말했어요. 그러면서 군자인 척하는 '사이비 군자'는 경계했지요. 공자가 말한 사이비 군자란 가짜 군자라는 뜻으로, 다른 사람들 앞에서 도덕적으로 완벽한 것처럼 치장해서 사회적 지위를 얻은 사람을 말해요. 가짜 군자들은 자신의 출세와 부귀를 위해 사람들을 속이지요. 이런 사람들의 행동을 표리부동하다고 할 수 있답니다.

뻐꾸기 설화

어머니를 여읜 소녀의 아버지가 새엄마를 맞았는데 새엄마는 아버지가 보는 앞에서는 소녀에게 잘해 주고, 보지 않을 때는 구박하는 표리부동한 사람이었어요. 아버지가 없을 때 새엄마는 소녀에게 온갖 일을 시키며 밥도 주지 않았지요. 아버지가 장사하러 멀리 가자 소녀는 더욱 야위어 갔어요. 하루는 새엄마가 문에 창호지를 바르라며 풀국을 주었는데, 굶주린 소녀가 다 먹어 버렸어요. 화가 난 새엄마가 소녀를 때려 결국 죽이고 말았지요. 소녀의 넋이 새가 되어 "풀국풀국" 하고 울었어요. 그 소리가 '뻐꾹뻐꾹'이라고 들려 그 새를 뻐꾸기라 부른답니다.

비슷한말

구밀복검 口蜜腹劍
입에는 꿀을 담고 뱃속에는 칼을 숨겼다는 뜻으로, 겉으로는 친절하나 마음속은 음흉한 것.

생각해 보자!

여러분의 주변에 표리부동한 사람이 있나요? 그들은 구체적으로 어떻게 행동하나요?

 옛날에는 나무로 살을 붙인 문에 창호지를 발라서 사용했어요. 창호지를 붙이기 위해서는 풀이 필요한데, 풀은 쌀이나 밀과 같은 곡식의 가루와 물을 넣고 끓여 만들어요.

설상가상

雪上加霜
눈 설 · 위 상 · 더할 가 · 서리 상

눈 위에 서리가 덮이다

내린 눈 위에 다시 서리가 내려 쌓이면 눈이 얼어 버리겠죠. 이처럼 설상가상은 어려운 일이 연거푸 일어남을 비유한 말이에요. '엎친 데 덮친다.'라는 속담과 같은 뜻이에요.

교과서 국어 6학년 1학기(가) 5단원 속담을 활용해요 - 엎친 데 덮친다

설상가상의 옛 뜻

옛 중국에 대양화상이라는 존경받는 스님이 있었어요. 많은 스님들이 그를 만나고 싶어 하면서도 함부로 다가가지 못했어요. 어느 날, 한 스님이 자신은 수련을 많이 했다며 그에게 적극적으로 다가갔어요. 대양화상은 한눈에 그의 자만심을 보고 "그대는 앞만 보고, 뒤는 보지 않는구나."라고 말했어요. 남에게 보이는 걸 중요하게 여기고 내면의 수양은 소홀히 한 것을 꼬집은 것이었지요. 그러자 그 스님은 "설상가상한 말씀", 즉 '쓸데없는 참견'이라고 말했어요. 시간이 지나면서 뜻이 바뀌어 '좋지 않은 일이 겹쳐 일어나는 것'을 뜻하게 되었답니다.

강영우 박사 이야기

강영우 박사는 어릴 적 축구공에 얼굴을 맞아 시력을 잃었어요. 그리고 어머니가 그 충격으로 돌아가시고 말았어요. 아버지도 몇 해 전 돌아가신 터라 누나와 동생들과 남겨졌는데, 누나마저 설상가상 병에 걸려 세상을 떠나고 말았어요. 그러나 그는 좌절하지 않고 열심히 공부해 대학에 입학했고, 미국에 유학도 갔어요. 보이지 않는 눈으로 우리나라 최초의 시각 장애인 박사가 된 그는 장애인의 권익을 높이는 세계적인 지도자로 활동했답니다.

어머니와 아버지에 이어 어찌 누님까지…!

비슷한말

병상첨병 病上添病
병을 앓는 동안에 또 다른 병이 겹쳐 생김.

반대말

금상첨화 錦上添花
비단 위에 꽃을 더한다.

생각해 보자!

여러분은 설상가상 어려운 일을 겪은 적이 있나요? 어떻게 극복했나요?

 강영우 박사는 유학을 앞두고 큰 벽에 부딪혔어요. 당시 장애인은 유학 시험에 응시할 수 없다는 법이 있었기 때문이지요. 그는 차별에 맞서 이 법을 고쳐 달라 요구했고, 그 결과 법을 없애고 미국 유학을 갈 수 있었답니다.

엄동설한

嚴 冬 雪 寒
엄할 엄 · 겨울 동 · 눈 설 · 찰 한

눈이 오고 몹시 추운 겨울

눈이 많이 오는데 바람도 세차게 불어 온 몸이 얼 것 같은 겨울을 겪어 본 적 있지요? 눈보라가 휘날리고 찬바람이 부는 매서운 한겨울을 엄동설한이라고 해요.

| 교과서 | 국어 활동 4학년 2학기 9단원 감동을 나누며 읽어요 – 기찬 딸 |

한겨울의 피난

6·25전쟁 초기 낙동강까지 밀려 내려간 국군과 유엔군은 인천 상륙작전의 성공으로 서울을 되찾고 압록강까지 진격했어요. 그러나 중공군이 참전하자 전세가 역전되어 국군과 유엔군은 흥남 부두에서 후퇴하기로 했지요. 이때 북한의 많은 주민이 후퇴하는 배에 오르기를 원했어요. 당시 영하 27도에 이르는 엄동설한에 바닷바람은 더욱 매서웠어요. 유엔군 장군의 반대가 있었지만 국군의 설득으로 10만여 명의 피란민들은 군인들의 수송선에 올라 남쪽으로 피난을 갈 수 있었답니다.

할미꽃 이야기

옛날에 홀어머니가 세 딸을 정성껏 키워 시집을 보냈어요. 시간이 흘러 늙은 어머니는 딸들이 보고 싶어 엄동설한에 집을 나섰지요. 큰딸을 찾아가니 처음에는 반기던 딸이 며칠 안 가 싫은 기색을 보였어요. 둘째 딸도 마찬가지였지요. 어머니는 정 많은 막내는 다를 것이라 생각하고 발걸음을 옮겼어요. 그런데 그만 막내딸 집 앞에서 거센 눈보라를 만난 어머니는 눈보라를 이기지 못하고 쓰러져 죽고 말았어요. 다음 날 아침 돌아가신 어머니를 발견한 막내딸은 어머니를 양지바른 곳에 묻었는데, 그 후 어머니의 무덤에 붉은 꽃이 피어났어요. 사람들은 그 꽃을 할미꽃이라 불렀답니다.

비슷한말

동빙한설 凍氷寒雪
얼음이 얼고 차가운 눈이 내리는 추운 겨울.

생각해 보자!

여러분이 만약 엄동설한에 낯선 곳으로 피난을 가야 한다면 어떨까요? 한국전쟁 당시 피란민들의 마음을 생각해 봅시다.

 '눈보라가 휘날리는 바람 찬 흥남 부두에'는 한국전쟁 후 국민들을 위로한 대중가요 〈굳세어라 금순아〉의 첫 소절이에요. 흥남 철수는 눈보라가 휘날리는 엄동설한에 이루어졌어요.

호사다마

好事多魔 좋을 호 · 일 사 · 많을 다 · 마귀 마

좋은 일에는 탈이 많다

호사다마란 좋은 일에는 방해가 많이 따른다는 뜻으로, 일이 잘 풀린다고 방심하지 말고 늘 경계하라는 의미를 가지고 있어요.

교과서 국어 6학년 1학기(나) 8단원 인물의 삶을 찾아서 – 나무를 심는 사람

옥에 티 같은 일

중국 금나라 때 동해원의 《서상》에 이런 구절이 있어요. "좋은 시기는 얻기 어렵고, 좋은 일을 이루려면 많은 풍파를 겪어야 한다." 또 청나라 때 조설근이 지은 《홍루몽》에는 "미중부족 호사다마(옥에도 티가 있고, 좋은 일에는 탈도 많다.)'라는 여덟 글자는 긴밀하게 서로 연결되어 있어서 순식간에 또 즐거움이 다하고 슬픈 일이 생긴다."라는 구절이 있어요. 호사다마는 좋은 일에는 방해가 되는 일이 많이 생길 수 있으니 방심하지 말고 늘 경계하라는 뜻이랍니다.

우렁이 각시

가난한 총각이 일하다 "모를 심어서 누구랑 먹고살지?"라고 혼잣말을 하자 "나랑 먹고살지."라는 소리가 들렸어요. 둘러보니 사람은 없고 우렁이가 있어 그 우렁이를 집으로 가져왔지요. 그때부터 집에 돌아오면 맛난 저녁상이 차려져 있었어요. 총각이 숨어 엿보았더니 우렁이에서 예쁜 처녀가 나와 밥을 짓는 게 아니겠어요? 총각은 기뻐 청혼했고 두 사람은 행복하게 살았어요. 그러던 어느 날 각시가 길을 가다 원님 행차를 만났는데, 각시에게 반한 원님이 각시를 데려가 버렸어요. 호사다마라고 각시를 빼앗길 줄 누가 알았겠어요? 신랑은 각시를 찾으러 갔다가 억울하게 죽고, 각시도 원님 말을 듣지 않고 버티다 죽고 말았답니다.

비슷한말

새옹지마 塞翁之馬
세상의 일은 복이 될지 화가 될지 알 수 없다는 뜻.

생각해 보자!

여러분은 호사다마를 경험해 본 적 있나요? 그때 기분이 어땠는지 생각해 봅시다.

 신랑은 갓 결혼한 남편을 뜻하는 말이고, 각시는 아내를 뜻하는 말이에요. 색시, 신부 역시 갓 결혼한 아내를 뜻하는 말이지요.

견물생심

見 物 生 心
볼견 만물물 날생 마음심

물건을 보면 갖고 싶은 마음이 생긴다

장난감을 구경하다가 갖고 싶어져서 엄마에게 사 달라고 졸라 본 경험이 있나요? 바로 그런 마음이 견물생심이에요. 좋은 물건을 보면 그것을 가지고 싶은 욕심이 생긴다는 뜻이지요.

| 교과서 | 국어 2학년 1학기(나) 7단원 친구들에게 알려요 – 욕심 많은 개 |

좋은 물건을 보면 갖고 싶은 마음

예로부터 사람은 일곱 가지 감정을 갖고 있다고 했어요. 바로 기쁨(喜), 노여움(怒), 슬픔(哀), 즐거움(樂), 사랑(愛), 미움(惡), 욕심(欲)이 그것인데요. 그 중 '욕심'은 물건을 보고 탐하는 마음으로 사람이라면 누구나 가지는 감정이지요. 그렇게 좋은 물건을 보면 갖고 싶은 마음이 생기는 것을 견물생심이라고 해요. 그러나 사람은 이성을 가지고 있으므로 욕심이 나더라도 자기 물건이 아니거나, 분수를 넘어서는 물건이면 더는 탐내지 않고 절제할 수 있어야 해요.

욕심 많은 개

욕심 많은 개가 길에 떨어진 고깃덩이를 발견했어요. 신이 나서 고기를 입에 물고 가다가 강에 놓인 통나무 다리를 건너게 되었지요. 다리에 올라섰더니 눈앞에 갑자기 커다란 고기를 입에 문 개 한 마리가 나타났어요. 그 개의 고기는 자기가 가진 것보다 훨씬 커 보였죠. 견물생심이라고 고기가 탐이 난 욕심 많은 개는 고기를 빼앗으려고 그 개를 향해 컹컹 짖었어요. 그러자 그만 입에 물고 있던 고깃덩이가 강물에 풍덩 빠졌어요. 눈앞의 개가 강물에 비친 자기인 줄 모르고 욕심내다 고깃덩이를 잃어버리고 말았지요.

비슷한말

기마욕솔노 騎馬欲率奴
'말을 타면 노비를 거느리고 싶다.'는 뜻으로 끝없는 욕심을 말한다.

생각해 보자!

여러분은 평소 전혀 관심이 없던 어떤 물건을 보고 갑자기 갖고 싶은 욕심이 생긴 적 있나요? 내가 겪은 견물생심을 생각해 봅시다.

 우리는 TV에서, 인터넷에서, 길거리 전광판을 통해 끊임없이 멋지고 좋은 물건들을 보게 되고, 때로 갖고 싶다는 생각을 하게 됩니다. '광고'는 물건을 보면 갖고 싶은 욕심이 생기는 견물생심을 활용한 것이랍니다.

백발백중

百發百中
일백 **백** 쏠 **발** 일백 **백** 가운데 **중**

백 번 쏘아 백 번 모두 맞히다

여러분은 활을 쏘아 본 경험이 있나요? 화살을 백 번 쏘아 백 번 다 맞히기는 정말 힘든 일일 텐데요. 백발백중은 화살을 백 번 쏘아 백 번 다 맞히듯, 계획한 일이 실패 없이 잘된다는 뜻이에요.

교과서 사회 5학년 2학기 2단원 사회의 새로운 변화와 오늘날의 우리 – 영조와 정조의 개혁 정책

화살을 화살로 막다

초나라 양유기라는 사람은 버드나무 잎을 백 보 떨어진 곳에서 쏘아도 백발백중일 정도로 활 쏘는 솜씨가 남달랐어요. 담력도 세고 힘도 센 그가 하급 장교였던 시절에 재상 투월초가 반란을 일으켰어요. 그때 양유기가 단둘이 활로 담판을 짓자고 제안했지요. 투월초가 먼저 양유기를 향해 활을 쏘았는데 첫 번째는 날아오는 화살을 화살로 막았고, 두 번째는 몸을 옆으로 기울여 화살을 피했어요. 마지막에는 이로 화살을 물어서 막았지요. 반면에 양유기는 단 한 발로 투월초를 쏘아 죽였고 반란은 끝이 났답니다.

정조의 활솜씨

1792년 10월 30일 정조가 창경궁 춘당대에서 활쏘기 행사를 펼친 결과지가 지금까지 전해지는데요. 그날 정조는 50발 중 49발을 과녁에 맞혔어요. 당시 임금이 활을 명중시키면 신하들에게 상을 내리는 '고풍' 덕에 신하들은 문방 용구와 말 등 푸짐한 선물을 받았어요. 그런데 정조는 백발백중의 실력을 갖고 있으면서도 왜 1발을 놓쳤을까요? 정조는 "활쏘기는 군자의 경쟁이니 남보다 앞서려고도 하지 않고, 사물을 모두 차지하려 기를 쓰지도 않는다."고 말했답니다.

비슷한말

백보천양 百步穿楊
백 보 떨어진 곳에서 버드나무 잎을 맞힌다는 뜻.

백무일실 百無一失
무슨 일이든지 하나도 실패가 없다는 뜻.

생각해 보자!

여러분이 백발백중의 활솜씨를 갖고 있다면, 정조 임금처럼 1발을 일부러 쏘지 않을 마음의 여유를 가질 수 있을까요?

 정조의 화살 49발이 과녁에 꽂히자 "고풍이요." 하는 소리가 울려 퍼졌어요. 화살을 명중시킨 임금이 신하들에게 상을 내리는 것을 고풍(古風)이라 해요.

막역지우

莫逆之友
말 막　거스를 역　어조사 지　벗 우

서로 거스르지 않는 친구
'친구 사이에 허물이 없다.'라는 말이 있지요? 서로 매우 친해서 체면을 차리거나 상대가 불편해 할까 조심할 필요가 없다는 뜻이에요. 이처럼 있는 그대로 받아 주고 이해해 주는 친구를 막역지우라고 해요.

| 교과서 | 도덕 3학년 1단원 나와 너, 우리 함께 - 우정을 지킨 친구 |

허물없는 친구 사이
"서로 보며 웃고 마음에 거슬리는 게 없어서 마침내 서로 벗이 되었다."

동양의 고전 《장자》의 우화에 나오는 이야기 중 한 구절입니다. 막역지우란 본래 세상 속에서 참된 도를 깨달아 사물에 얽매이지 않는 마음을 가진 사람 간의 교류를 뜻하는 것이었으나, 오늘날에는 서로 허물없는 친구 사이를 가리키는 말이 되었어요.

오성과 한음의 우정
한음 이덕형과 오성 이항복은 서로 아끼며 우정을 나눈 것으로 유명한 친구예요. 두 사람은 같은 해에 과거에 급제했고, 또한 비슷한 벼슬을 서로 번갈아가면서 하며 성장하다가 마침내 두 사람 모두 조선 시대 최고의 벼슬인 영의정의 자리까지 올랐어요. 한음은 오성에게 이런저런 장난을 많이 쳤다고 해요. 하루는 한밤중에 전염병으로 일가족이 몰살된 집에 가서 시체를 정리해 장사를 준비해야 했어요. 오성이 그 집을 찾아가 시체를 정리하려고 하는데 갑자기 한 시체가 벌떡 일어나 깜짝 놀랐어요. 알고 보니 시체인 체 누워 있었던 한음의 장난이었지요. 이 장난에 오성은 어이가 없어 한바탕 웃었다고 해요. 두 사람은 평생을 막역지우로 지냈답니다.

비슷한말
수어지교 水魚之交
매우 친밀하게 사귀어 떨어질 수 없는 사이.

생각해 보자!
여러분은 서로 허물없이 지내는 친한 친구가 있나요? 친구와 우정을 오래 유지하기 위해 어떻게 해야 할지 생각해 봅시다.

 조선 시대 최고의 벼슬인 영의정은 1894년 갑오경장 때 총리대신으로 명칭이 바뀌었지요. 영의정은 오늘날 국무총리와 같은 지위랍니다.

절차탁마

切磋琢磨
끊을 절 · 갈 차 · 쪼을 탁 · 갈 마

칼로 다듬고 줄로 쓸며 망치로 쪼고 숫돌로 간다

다이아몬드도 원석을 갈고 닦아야 빛이 나지요? 절차탁마는 옥이나 돌을 갈고 닦아서 빛을 낸다는 뜻으로, 부지런히 학문과 덕행을 수양하는 것을 비유하는 말이에요.

| 교과서 | 도덕 3학년 2단원 인내하며 최선을 다하는 생활 - 끊임없는 노력으로 찾은 위대한 발견, 패러데이 |

목표를 향한 노력

"강 모퉁이를 보니, 푸른 대나무가 무성하도다! 잘라 놓은 듯하고 간 듯 쪼아 놓은 듯 간 듯하다. 엄밀하고 굳세며 빛나고 점잖으니, 아름다운 광채 나는 군자여! 끝내 잊을 수 없다."

《시경》에 실린 이 시는 군자를 칭송한 것으로, 학문과 인격을 끊임없이 갈고 닦은 군자를 푸른 대나무에 빗대어 이야기하고 있어요. 여기에서 유래한 절차탁마는 자신의 목표를 향해 끊임없이 노력하는 자세를 비유하는 말로 쓰인답니다.

끊임없는 노력의 결과

마이클 패러데이는 어린 시절 가정 형편이 어려워 학교에 다니지 못했어요. 돈을 벌어야 했던 그는 열네 살부터 책을 묶어 내는 제본소에서 일하면서 매일 밤 혼자 책을 읽으며 공부했어요. 특히 과학책을 읽으며 과학자의 꿈을 키웠지요. 그러던 어느 날 과학자의 조수로 일할 기회가 생겼어요. 그는 일하면서 같은 실험을 수도 없이 반복하며 공부했고 절차탁마로 노력한 결과, 자기장을 전기로 바꿀 수 있다는 것을 발견했어요. 이 발견으로 오늘날 모든 사람이 전기를 쓸 수 있게 되었지요.

비슷한말

와신상담 臥薪嘗膽
가시 많은 나무 위에서 자고 쓰디쓴 쓸개를 먹는다는 뜻으로, 원수를 갚거나 마음먹은 일을 이루기 위하여 온갖 어려움과 괴로움을 참고 견딤을 비유적으로 이르는 말.

생각해 보자!

여러분은 무언가를 이루기 위해 절차탁마 노력해 본 적 있나요?

 패러데이는 《브리태니커 백과사전》을 제본하면서 과학에 이끌리기 시작했어요. 특히, 그는 전기에 관한 항목에 흥미를 느꼈지요. 그래서 일하는 틈틈이 혼자서 실험 기구를 제작해 책에 소개된 실험을 직접 해 보기도 했답니다.

견원지간

犬 猿 之 間
개 견 원숭이 원 어조사 지 사이 간

개와 원숭이처럼 사이가 좋지 않다

흔히 개와 고양이가 서로 싫어한다고 하지요? 개와 원숭이도 그렇대요. 개와 원숭이가 왜 서로 미워하게 되었는지 유래를 찾아볼까요?

교과서 국어 활동 3학년 1학기 9단원 어떤 내용일까 - 세상에서 가장 겁 많은 고양이 미요

손오공과 이랑신 이야기

《서유기》에서 손오공은 온갖 말썽을 부렸어요. 그런 손오공을 제압하기 위해 옥황상제는 이랑신에게 손오공을 잡아 오라 했어요. 각각 군을 이끌고 맞붙었는데 승패가 나지 않았어요. 결국 둘이서 정면 승부를 했는데 막상막하였지요. 원숭이 군은 대결을 흥미롭게 지켜보았는데, 그 틈에 개의 군이 원숭이들과 손오공을 습격했어요. 결국 손오공은 이랑신에게 무릎을 꿇고 말았죠. 여기에서 유래된 말이 견원지간이에요.

금빛 구슬

바닷가에 사는 한 노인이 잡은 잉어를 살려 주었어요. 용왕이 고맙다며 구슬을 주었지요. 그 덕에 노인은 부자가 되었고 그 소식을 들은 이웃집 노파가 구슬이 탐나 훔쳐 갔어요. 노인이 기르던 개와 고양이가 이웃집에서 구슬을 찾아 돌아오던 중 강을 건너는데 개는 헤엄을 치고 고양이는 등에 업혀 구슬을 물고 있었어요. 개가 구슬을 잘 갖고 있느냐 묻자, 고양이가 답하려다 그만 구슬을 물에 빠뜨렸어요. 서로를 탓하며 개는 집으로 가고, 고양이는 강 근처에 남았는데 거기서 우연히 구슬을 찾게 됐지요. 그 후 고양이와 개는 견원지간만큼 사이가 나빠졌답니다.

파이팅! 이랑신!
이겨라! 손오공!

비슷한말

견묘지간 犬猫之間
개와 고양이의 사이. 서로 좋지 않은 사이.

빙탄지간 氷炭之間, **수화상극** 水火相剋
물과 불처럼 서로 반대되는 성질로, 함께할 수 없는 관계를 뜻함.

생각해 보자!

여러분은 견원지간인 친구가 있나요? 만약 있다면 사이가 나빠진 이유를 생각해 보고, 화해할 수 있는 방법을 찾아봅시다.

 《서유기》는 명나라의 장편소설로, 황제의 명령으로 불전을 구하러 인도에 가는 삼장법사와 손오공, 그리고 저팔계와 사오정이 겪는 모험을 다루고 있어요. 만화, 소설 등으로 끊임없이 재탄생해 사랑받는 작품이에요.

고사성어 따라 쓰기

이번 장에 나왔던 주요 고사성어의 의미를 떠올리며 한 글자씩 따라 써 보면서 의미를 되새겨 봅시다.

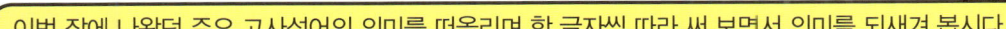

| 만 | 사 | 형 | 통 | | | | |

| 인 | 과 | 응 | 보 | | | | |

| 난 | 공 | 불 | 락 | | | | |

| 오 | 리 | 무 | 중 | | | | |

| 구 | 사 | 일 | 생 | | | | |

| 어 | 불 | 성 | 설 | | | | |

낭중지추

교언영색

결자해지

전전긍긍

호사다마

백발백중

견원지간

필사즉생

"죽기를 각오하면 산다"

이순신 장군이 전쟁에 임할 때 되새긴 말로, 죽기를 각오하고 전쟁에 임하면 산다는 뜻이에요. 전쟁에 나가는 장수의 결연한 마음가짐을 나타내는 말이지요.

필사즉생

必死則生
반드시 필 죽을 사 곧 즉 날 생

죽기를 각오하면 산다

이순신 장군이 전쟁에 임할 때 되새긴 말로, 죽기를 각오하고 전쟁에 임하면 산다는 뜻이에요. 전쟁에 나가는 장수의 결연한 마음가짐을 나타내는 말이지요.

| 교과서 | 국어 6학년 1학기(나) 8단원 인물의 삶을 찾아서 – 제게 12척의 배가 있으니 |

전쟁에 임하는 자세

중국의 옛 병법서에 '필사즉생(必死則生) 행생즉사(幸生則死)'라는 말이 나와요. 전쟁에서 죽기를 각오한 자는 살고 요행히 살아남기를 바라는 자는 죽는다는 뜻이지요. 바로 전쟁에서의 마음가짐으로, 죽기를 각오한 결연함이 있어야, 높은 지략과 용맹이 있는 상대를 만났을 때 맞서 싸울 수 있다는 뜻이에요. 반드시 죽고자 싸우면 그것이 곧 사는 길이라는 이 말은 이순신 장군이 전쟁에 임할 때 되새긴 말로 유명하답니다.

이순신과 명량해전

1592년에 조선을 침략했던 일본은 1597년, 다시 조선을 공격했어요. 당시 이순신은 지휘관 자리에서 쫓겨나 일반 병사의 신분이었는데 지휘관 원균이 전투에서 패하면서 다시 이순신이 지휘관이 되었지요. 그때 이순신에게는 배가 12척밖에 없었는데 일본이 133척의 배를 이끌고 쳐들어왔어요. 모두 포기하라고 했지만, 이순신은 필사즉생의 각오로 싸우기로 했어요. 명량의 좁은 물길과 조류를 이용할 계획을 세운 그는 좁고 거친 물살에 갇힌 일본군에 맹렬한 공격을 퍼부었어요. 그 결과 단 12척의 배로 133척의 배를 가진 적과 싸워 이기는 기적을 만들었답니다.

비슷한말

필사즉생 필생즉사 必死則生 必生則死
죽기로 싸우면 반드시 살고, 살려고 비겁하면 반드시 죽는다.

생각해 보자!

여러분이 만약 이순신 장군이었다면 명량해전을 앞두고 어떤 기분이었을까요? 필사즉생의 마음가짐을 가질 수 있었을지 상상해 봅시다.

 명량은 전라남도 해남군 화원반도와 진도 사이에 있는 좁은 바다예요. 이곳은 물살이 빠르고 소리가 요란하여 바다가 우는 것 같다고 '울돌목'이라고도 불러요.

일편단심

一 片 丹 心
한 일 · 조각 편 · 붉을 단 · 마음 심

한 조각의 붉은 마음

한 조각의 붉은 마음이란 속에서 우러나온 거짓 없는 마음, 즉 결코 변하지 않을 충성되고 참된 마음을 말해요. 특정 인물이나 사물에 대한 절대적인 지지나 애정이 변함없다는 말이지요.

교과서 국어 6학년 1학기(나) 8단원 인물의 삶을 찾아서 – 단심가

박팽년의 충성심

"까마귀 눈비 맞아 희는 듯 검노매라.
야광명월이 밤인들 어두우랴.
임 향한 일편단심이야 변할 줄이 있으랴."

조선의 문신 박팽년이 쓴 시조예요. 문종은 박팽년에게 어린 단종을 지켜달라고 부탁했어요. 그런데 문종이 세상을 떠나고 세조가 조카인 단종을 제치고 왕이 되었어요. 하지만 박팽년은 세조를 왕으로 인정하지 않았어요. 그리고 성삼문, 하위지 등 사육신과 단종의 복위를 꾀하였다가 실패했지요. 평소 그를 아낀 세조가 자신의 신하가 되어 달라 하자, 박팽년은 단종에 대한 일편단심을 말하며 옥에서 죽고 말았답니다.

춘향전

마을에서 예쁘기로 소문난 춘향이는 사또의 아들 이몽룡과 사랑하는 사이였어요. 한양으로 가게 된 이몽룡은 과거를 보고 돌아오겠다 했지요. 그런데 새로 부임한 사또가 춘향을 불러 수청을 들라고 했어요. 일편단심으로 이몽룡을 기다리는 춘향은 사또를 거절해 옥에 갇히고 말았어요. 사또가 춘향을 처형하기로 한 날, 장원 급제한 이몽룡은 암행어사로 나타나 춘향을 구했답니다.

비슷한말

정성 精誠
온갖 성의를 다하려는, 참되고 거짓이 없는 성실한 마음.

충성심 忠誠心
진정에서 우러나오는 정성스런 마음.

생각해 보자!

여러분은 누군가에게 일편단심의 마음을 가지고 있나요? 왜 그런 마음을 갖게 되었는지 생각해 봅시다.

 사육신(死六臣)은 세조 2년(1456년)에 단종 복위를 꾀하다 발각되어 처형되거나 스스로 목숨을 끊은 성삼문, 박팽년, 하위지, 이개, 유성원, 유응부의 여섯 신하를 말해요. 이들은 단종에 대한 일편단심으로 목숨을 아끼지 않았답니다.

백척간두

百 尺 竿 頭
일백 백 자 척 대줄기 간 머리 두

백 자나 되는 장대의 끝
높은 곳에 올라가는 것만으로도 무서운데, 그 높은 곳이 기다란 장대의 끝이라면 얼마나 무서울까요? 백척간두란 그 장대 끝에 있는 것처럼 매우 위태롭고 어려운 상황을 뜻하는 말입니다.

| 교과서 | 사회 6학년 1학기 1단원 사회의 새로운 변화와 오늘날의 우리 – 일제의 침략과 광복을 위한 노력 |

백척간두에 놓인 조선

1800년대 말 호시탐탐 조선을 노리던 일본은 엄청난 계획을 세웠어요. '여우 사냥'이라는 암호명으로 진행된 이 계획은 조선의 국모 명성황후를 죽이는 것이었지요. 1895년 10월 8일 새벽, 경복궁에 들이닥친 일본 낭인들이 왕비를 살해했어요. 일본에 의해 왕비를 잃은 고종은 급히 러시아 공사관으로 피신했어요.(아관파천) 그 시기 조선의 운명은 그야말로 백척간두에 놓여 있었답니다.

여우 누이

세 아들을 둔 부부가 기도해서 딸을 낳았어요. 그런데 집안의 가축이 죽기 시작했지요. 지켜보니, 한밤중에 여동생이 여우가 되어 소의 간을 빼 먹는 것 아니겠어요? 첫째, 둘째는 사실을 말하지 못했고 막내만 말했는데 부모는 누이를 모함한다며 막내를 쫓아냈어요. 세월이 흘러 막내가 부모님을 뵙고 싶다 하니 아내가 호리병을 주었어요. 집에 가 보니 가족을 잡아먹은 여우 누이가 오빠를 반겼어요. 그 역시 잡아먹힐 백척간두의 위기에 놓였지요. 그는 아내가 준 병을 던져 여우를 가까스로 물리쳤답니다.

비슷한말

일촉즉발 一觸卽發
한 번 건드리기만 해도 폭발할 것같이 몹시 위급한 상태.

위기일발 危機一髮
여유가 조금도 없이 몹시 절박한 순간.

생각해 보자!

여러분은 백척간두와 같은 위기감을 느껴 본 적이 있나요? 언제였는지 생각해 봅시다.

 한 척(자)의 길이는 30센티미터예요. 백 척(자)은 3,000센티미터, 즉 30미터를 말하지요. 아파트 한 층의 높이가 대개 3미터 이내라고 하니, 백척간두는 아파트 10층 높이와 같은 기다란 장대 끝에 올라서 있는 것을 말해요.

아전인수

我田引水
나 아 / 밭 전 / 끌 인 / 물 수

제 논에 물대기

가뭄이 들어 논에 물이 없을 때 힘들게 만든 물길을 자기 논에만 가져가는 사람이 있다면 어떨까요? 이처럼 자기 이익만 앞세워 욕심내는 경우를 아전인수라고 해요.

교과서 국어 4학년 2학기(나) 5단원 의견이 드러나게 글을 써요 – 목홧값을 누가 물어야 하나

일본 역사 교과서 왜곡사건

1982년 7월, 일본은 역사 교과서를 개정하면서 역사를 왜곡되게 기술했어요. 일본이 한국을 '침략'한 사실을 '진출'로 표현하고, 한국의 '외교권 박탈과 내정 장악'을 '접수'로, '토지 약탈'을 '토지 소유권 확인', 그리고 '독립운동 탄압'을 '치안 유지 도모'라고 기술했지요. 이는 역사적 사실에 대해 아전인수 격으로 해석한 것으로 일본의 입장에 유리하게 기술한 것이었어요. 이에 한국에서 반일 운동이 전개되었고, 일본 정부는 왜곡된 부분을 시정하겠다는 각서를 주었어요. 그러나 여전히 일본 교과서에 왜곡된 부분이 남아 있어 계속 문제가 되고 있답니다.

장끼전

눈 쌓인 숲에서 배고픔을 참던 꿩 부부가 먹이를 찾다 이내 흰 눈 위에 놓인 콩을 발견했어요. 수컷 꿩 장끼가 콩을 먹으려는 순간, 아내가 사람이 놓은 덫 같다며 먹지 말라 했지요. 아내는 간밤에 꾼 다섯 가지의 꿈 이야기를 했는데 하나같이 남편이 죽을 것 같은 불길한 꿈이었어요. 그러나 장끼는 아내가 꿈 이야기를 하나씩 할 때마다 자기에게 유리하게 아전인수 격으로 해석하면서 콩을 먹겠다고 고집을 부렸지요. 그리고 그 콩을 먹은 순간 덫에 걸리고 말았답니다.

비슷한말

견강부회 牽強附會
이치에 맞지 않는 말을 억지로 끌어 붙여 자기에게 유리하게 함.

생각해 보자!

여러분은 주변에서 아전인수 격으로 행동하는 친구를 본 적 있나요? 그때 기분이 어땠는지 생각해 봅시다.

 《장끼전》은 작가가 누구인지, 정확히 언제 쓰였는지 알려지지 않은 고전 소설이에요. 꿩을 의인화한 우화로 장끼는 수꿩을 말하고 암꿩은 까투리라고 부른답니다.

자격지심 — 自激之心
스스로 자 / 과격할 격 / 어조사 지 / 마음 심

스스로 미흡하게 여기는 마음

자신이 이룬 어떤 일에 대해 스스로 미흡하고 부족하다고 느끼는 경우가 있지요. 그럴 때 느끼는 마음을 자격지심이라고 해요.

| 교과서 | 국어 3학년 2학기(나) 6단원 마음을 담아 글을 써요 – 꼴찌라도 괜찮아 |

선조의 자격지심

조선 14대 왕 선조는 자격지심이 많았다고 해요. 자신이 조선 왕실의 직계 자손이 아니었기 때문이지요. 그때까지 조선 왕실은 왕의 정실부인이 낳은 아들이 왕이 되었는데 선조 직전 왕 명종은 아들이 없었어요. 그래서 조카인 선조가 왕이 되었는데 선조의 아버지 덕흥군은 중종의 서자였지요. 서자란 정실부인이 아닌 후궁에게서 낳은 아들을 말해요. 선조는 조선 왕들이 모두 정통한 왕의 핏줄이었는데 자신만 아니라는 생각에 자격지심을 갖게 된 것이었어요. 그래서 자신의 아들 광해군을 냉대하고 세자로 책봉하기 꺼려 했어요. 광해군 역시 후궁이 낳은 서자였기 때문이지요.

개와 돼지

할머니가 예뻐하는 개와 돼지가 있었어요. 할머니가 개를 예뻐하는 모습을 본 돼지는 할머니가 자기를 예뻐하지 않는다는 자격지심이 생겼어요. 개가 말했어요. "나는 매일 밤 집을 지키는데 너는 먹고 자기만 하니 그렇지." 돼지는 자신도 집을 지키겠다며 밤에 '꿀꿀' 큰 소리로 울었지요. 할머니는 돼지가 아픈 줄 알고 의원을 불러 침을 놓았는데도 돼지가 계속 울자 결국 돼지를 팔아 버렸답니다.

반대말

자화자찬 自畫自讚
자신이 한 일을 자기가 스스로 칭찬하는 것.

생각해 보자!

여러분은 어떤 부분에 자격지심을 갖고 있나요? 왜 자격지심을 갖게 됐는지 생각해 봅시다.

 직계는 할아버지, 아버지, 아들, 손자와 같이 곧바로 이어 나가는 관계를 말하고, 방계는 형제, 조카 등과 같이 공통의 조상을 통하여 갈라지는 관계를 말해요. 선조는 삼촌의 뒤를 이어 왕이 되었으니 방계에 속하겠지요.

마부작침

磨 斧 作 針
갈 마 · 도끼 부 · 지을 작 · 바늘 침

도끼를 갈아 바늘을 만든다

도끼를 갈아 바늘로 만드는 것이 가능할까요? 무척 오래 걸리겠지만 분명 꾸준히 도끼를 간다면 언젠가는 바늘이 되겠지요. 아무리 어려운 일이라도 계속 노력하면 마침내 이룰 수 있다는 뜻이에요.

| 교과서 | 국어 4학년 2학기(나) 6단원 본받고 싶은 인물을 찾아봐요 – 헬렌 켈러 |

도끼로 바늘 만들기

당나라 시인 이백이 공부하러 산에 갔다가 싫증이 나 내려오는 길이었어요. 냇가에서 할머니가 바위에 도끼를 갈고 있는 모습을 보고 뭐 하시냐고 묻자, 할머니는 바늘을 만드는 중이라고 했어요. 이백이 도끼로 바늘을 어떻게 만드느냐고 하자 할머니가 말했어요. "중도에 그만두지만 않는다면 언젠가는 도끼로 바늘을 만들 수 있다." 큰 깨달음을 얻은 이백은 그때부터 글공부를 열심히 했어요. 그 결과 그는 지금까지도 중국의 대시인으로 손꼽히고 있답니다.

헬렌 켈러

헬렌 켈러는 아기 때 병을 앓은 후유증으로 보지도, 듣지도, 말하지도 못했어요. 헬렌이 일곱 살 때 만난 설리번 선생님은 헬렌의 손바닥에 손가락으로 글씨를 쓰고, 직접 만지게 하는 방식으로 사물의 이름을 가르쳤어요. 헬렌은 물을 만지면서 '물'이라는 단어를 배웠지요. 선생님은 자신의 입에 헬렌의 손을 넣어 입술과 혀의 움직임을 확인해 말을 따라 하게 했어요. 그렇게 마부작침으로 노력한 헬렌은 마침내 말을 할 수 있게 되었지요. 이후 열심히 공부한 헬렌은 자신과 같은 장애인들의 교육과 복지를 위해 헌신했답니다.

비슷한말

우공이산 愚公移山

우공이 산을 옮긴다는 말로, 남이 보기엔 어리석은 일처럼 보이지만 한 가지 일을 끝까지 밀고 나가면 언젠가는 목적을 달성할 수 있다는 뜻.

생각해 보자!

여러분은 가능성이 없어 보이는 일에 대해 참고 노력하며 끝까지 시도해 본 경험이 있나요?

 헬렌 켈러는 자신을 위해 헌신한 설리번에 대해 이렇게 말했어요. "기적이 일어나 내가 사흘 동안 볼 수 있게 된다면, 내게 다가와 세상을 활짝 열어 보여 주신 설리번 선생님의 얼굴을 오랫동안 바라보고 싶습니다."

유비무환

有備無患
있을 유 갖출 비 없을 무 근심 환

준비가 있으면 근심이 없다

우리는 언제 어떤 일이 일어날지 알 수 없지요. 유비무환은 언제든 일어날 수 있는 일에 대해 평소 준비를 철저히 하면 어떤 일이 일어났을 때 근심 없이 잘 해결할 수 있음을 뜻하는 말이에요.

| 교과서 | 국어 4학년 2학기(나) 8단원 생각하며 읽어요 – 학교 안전사고 예방 |

현명한 신하

진나라의 왕에게는 위강이라는 유능한 신하가 있었어요. 왕은 위강의 조언을 듣고 북방 오랑캐들과도 우호 관계를 맺으며 나라를 부강하게 만들었어요. 나라가 강해지자 다른 나라로부터 많은 예물이 왔지요. 왕은 예물을 위강에게 주려 했지만 위강은 이를 거절하며 말했어요. "편안할 때에 위기를 생각하십시오. 대비가 되어 있으면 근심이 사라지게 됩니다." 이처럼 유비무환은 편안할 때 위기를 생각하며 마음을 다잡아야 한다는 뜻이랍니다.

아기 돼지 삼 형제

아기 돼지 삼 형제가 각자 집을 지었어요. 첫째는 짚으로, 둘째는 나무로 집을 지었고, 셋째는 벽돌로 튼튼하게 지었어요. 어느 날 첫째 집에 늑대가 나타나 "후" 하고 부니 집이 날아가 버렸어요. 첫째는 둘째 집으로 도망갔지요. 늑대가 둘째 집에서도 "후" 불었더니 와르르 무너졌어요. 둘은 셋째 집으로 도망을 갔지요. 늑대는 셋째 집도 힘껏 불었는데 벽돌로 지은 집은 꿈쩍도 하지 않았어요. 결국 늑대는 굴뚝으로 들어갔다가 그 아래 펄펄 끓는 물이 가득한 솥으로 풍덩 빠지고 말았어요. 셋째가 유비무환으로 지은 벽돌집 덕에 아기 돼지 삼 형제는 무사했답니다.

반대말

망양보뢰 亡羊補牢
양을 잃고서 그 우리를 고친다는 뜻으로, 실패한 후에 일을 대비 혹은 이미 어떤 일을 실패한 뒤에 뉘우쳐도 소용이 없다는 뜻.

사후약방문 死後藥方文
죽은 뒤에 약방문을 쓴다는 뜻으로, 이미 때가 지난 후에 대책을 세우거나 후회해도 소용없다는 말.

생각해 보자!

여러분은 유비무환의 정신으로 준비해서 어떤 일을 잘 해결한 경험이 있나요?

 위강은 법을 엄히 적용하는 것으로 유명했어요. 그는 왕의 동생 양간이 군법을 어기자 그의 마부를 대신 잡아다 목을 베었어요. 양간이 왕족을 무시한다며 왕에게 호소했지만 내막을 확인한 왕은 위강을 더 신임하게 되었답니다.

안분지족

安分知足
편안할 안 / 나눌 분 / 알 지 / 만족할 족

자기 분수를 지키며 만족할 줄 안다

나의 상황이 다른 사람과 비교했을 때 뒤처지거나, 부족하면 불만이 나오기 마련이지요. 자기 처지를 탓하거나 불평하지 않고 자기 분수를 지키며 만족할 줄 아는 것을 안분지족이라고 해요.

교과서 도덕 5학년 2단원 내 안의 소중한 친구 – 정조 이야기

정조 이야기

정조가 책을 읽고 있는데 건물의 처마가 짧아서 방 안에 햇볕이 뜨겁게 내리쬐자 신하가 말했어요. "전하, 이 방은 한여름에 너무 더우니 서늘한 곳으로 옮기시는 것이 좋을 듯합니다." 그러자 정조가 말했어요. "지금 이곳 대신 다른 서늘한 곳으로 옮기면 또 거기에서도 견디지 못하고 더 서늘한 곳을 찾게 될 것이다. 그러다 보면 만족할 수 있겠는가. 이곳을 견디면 바로 이곳이 서늘한 곳이 된다. 만족할 줄 알아야 한다." 가장 좋은 곳에서 지낼 수 있었을 정조 임금은 안분지족의 마음으로 주어진 것에 만족했답니다.

금도끼 은도끼

나무꾼이 나무를 하다 연못 속에 도끼를 빠뜨렸어요. 산신령이 나타나 금도끼를 내밀며 물었지요. "이 도끼가 네 것이냐?" 아니라고 하자 이번엔 은도끼를 보여 주었고 나무꾼은 고개를 저으며 쇠도끼가 자기 것이라고 했지요. 산신령은 그 정직함을 칭찬하며 세 도끼를 다 주었어요. 이웃 총각이 연못에 일부러 도끼를 빠뜨리고는 산신령이 들고나온 금도끼, 은도끼 모두 자기 것이라고 말했어요. 그 결과 자신의 쇠도끼마저 잃어버렸지요. 안분지족 나무꾼은 복을 받고, 과유불급 이웃 총각은 손해를 보았답니다.

비슷한말

안빈낙도 安貧樂道
가난한 생활을 하면서도 그것에 구애받지 않고 편안하게 즐기는 마음으로 살아감.

반대말

과유불급 過猶不及
지나침은 모자람과 같다. 즉 과한 욕심을 삼가하라는 뜻.

생각해 보자!

여러분은 자신의 생활에 만족하고 있나요? 스스로 안분지족하고 있는지 생각해 봅시다.

 조선 시대 기와집에는 처마가 있어요. 처마가 길고 짧음에 따라 집 안으로 들어오는 햇볕의 양이 달라졌는데요. 처마의 평균 길이는 약 2.3미터 정도예요. 처마를 깊이 빼는 것은 여름을 시원하게 나기 위함이었답니다.

언중유골

言中有骨
말씀 언 가운데 중 있을 유 뼈 골

말 속에 뼈가 있다

겉으로 듣기에는 평범한 말 같지만 그 속에 진짜 하고 싶은 말을 담고 있는 것을 언중유골이라 해요. 상대방의 잘못이나 실수를 말하지 않고 에둘러 표현하는 방식으로 직접 말할 때보다 효과가 크지요.

| 교과서 | 사회 5학년 2학기 1단원 옛사람들의 삶과 문화 – 서희와 소손녕의 대화 |

솥의 무게

초나라 장왕은 여러 지방을 정복한 후 주나라를 정복하기 위해 나아갔어요. 그러자 주나라 조정에서는 왕손만을 보내 장왕을 설득해 돌아가게 하라고 했어요. 장왕은 왕손만을 만나 뜬금없이 정(솥)의 무게를 물었어요. '정'이란 하나라 시조 우 임금이 중국 전역에서 모은 발이 세 개, 귀가 둘 달린 솥인데, 이후 은나라, 주나라를 거치면서 왕의 상징이 된 물건이었어요. 장왕이 그 정의 무게를 물은 것은 언중유골이었지요. 그 정을 자신이 갖고 싶다는 뜻이었고, 그 말은 곧 천하를 내놓으라는 말이었답니다.

당나귀와 강아지

한 농부의 집에 당나귀와 강아지가 있었어요. 당나귀는 짐을 나르고 돌아와도 칭찬 한 번 못 받는데, 강아지는 집에서 꼬리 몇 번 흔들면 예쁘다고 사랑을 받았어요. 당나귀는 불공평하다 생각했지요. 당나귀도 주인에게 꼬리를 흔들고 앞발을 번쩍 들며 애교를 부렸어요. 그러자 놀란 농부가 당나귀를 때렸지요. 낙심한 당나귀는 주인에게 애교 부리는 강아지를 보고 "난 하루 종일 일하느라 힘든데 넌 꼬리 치느라 힘들겠구나."라고 말했어요. 당나귀 말이 언중유골이지요.

난 하루 종일 일하느라 힘든데 넌 꼬리 치느라 힘들구나.

비슷한말

담언미중 談言微中
모나지 않고 부드럽게 남의 급소를 찔러 말함.

생각해 보자!

여러분은 언중유골인 말을 들어 본 적 있나요? 어떤 말이었는지, 숨은 뜻은 무엇이었는지 생각해 봅시다.

 장왕이 '정'의 무게를 묻자 왕손만이 대답했어요. "조정이 바르면 정이 가벼워도 움직이지 않고 조정이 어지러우면 정이 무거워도 남의 손으로 넘어가는 법이다." 장왕은 자신이 주나라를 치기엔 부족함을 깨닫고 돌아갔답니다.

주객전도

主客顚倒
주인 주 · 손 객 · 넘어질 전 · 거꾸로 도

주인과 손님이 뒤바뀌다

주인과 손님이 뒤바뀌었다는 뜻으로 중요한 것과 그렇지 않은 것, 급한 일과 급하지 않은 일, 혹은 선후의 순서가 뒤바뀐 경우를 뜻하는 말이에요.

교과서
국어 6학년 1학기(가) 5단원 속담을 활용해요 - 배보다 배꼽이 더 크다
사회 6학년 2학기 2단원 통일 한국의 미래와 지구촌의 평화 - 우리 땅 독도를 알아봅시다

독도 의용 수비대의 활약

1952년 한국전쟁의 혼란을 틈타 일본은 독도를 빼앗으려고 했어요. 일본인들은 불법으로 독도에 상륙해 '시마네현 오키군 다케시마'라고 쓴 표목을 독도에 세우는 등 주객전도의 불법 행위를 저질렀지요. 이에 1953년 홍순칠은 울릉도 출신 청년 45명을 모아 독도 의용 수비대를 조직했어요. 독도 의용 수비대는 독도의 경비를 철저히 해 독도 근해에 나타나는 일본인들을 격퇴하고, 일본 어선의 작업을 막았어요. 그들의 활약으로 독도를 빼앗으려는 일본으로부터 독도를 지킬 수 있었답니다.

손톱 먹은 쥐

한 도령이 산속에서 공부를 하고 있었어요. 어느 날 손톱을 깎고 있는데 쥐가 나타나 손톱을 먹었지요. 몇 년 후 공부를 마친 도령이 집으로 갔는데 자기와 똑같은 사람이 있었어요. 도령의 손톱을 먹은 쥐가 둔갑한 것이었는데, 가족들도 누가 진짜인지 알 수 없었지요. 도령은 자신이 진짜인 걸 증명하려 했지만 몸의 점 하나까지 똑같았어요. 가족들은 집 안에 숨겨 둔 보물을 찾는 이가 진짜라며 찾아보라 했는데, 진짜 도령은 찾지 못했어요. 결국 주객전도 되어 도령이 쫓겨났지요. 스님에게 해결책을 묻자 고양이를 들고 집에 가 보라 했어요. 집 대문에서 고양이를 내려놓으니 가짜 도령은 다시 쥐가 되어 고양이에게 잡아먹혔답니다.

비슷한말

객반위주 客反爲主
손님이 도리어 주인 노릇을 한다는 뜻으로, 부차적인 것을 주된 것보다 오히려 더 중요하게 여김을 이르는 말.

생각해 보자!
여러분은 살아가면서 주객전도의 상황을 목격한 적 있나요? 그때 어떤 생각이 들었나요?

 옛날이야기 속에는 '둔갑'이라는 말이 많이 나와요. 둔갑은 도술의 일종으로 몸을 숨기거나, 동물이나 바위, 나무 등으로 변신하는 것을 말하지요. 전래 동화 속에서는 호랑이도 사람으로 변하고, 쥐도 사람으로 변한답니다.

천인공노

天 人 共 怒
하늘 천　사람 인　함께 공　성낼 노

하늘과 사람이 함께 노한다

천인공노란, 사람이라면 누구나 분노를 참을 수 없을 만큼 몹시 증오스러운 상황을 일컫는 말이에요. 너무나 잔인하고 무자비해서 사람뿐 아니라 하늘까지 노한다는 뜻이지요.

| 교과서 | 사회 6학년 1학기 1단원 사회의 새로운 변화와 오늘날의 우리 – 일제의 침략과 광복을 위한 노력 |

누가 죄인인가

"대한의 국모 명성황후를 시해한 죄, 대한의 황제를 폭력으로 폐위시킨 죄, 을사늑약과 정미늑약을 강제로 체결케 한 죄, 무고한 대한의 사람들을 대량 학살한 죄 (중략) 동양의 평화를 철저히 파괴한 천인공노의 죄 때문이다."

뮤지컬 〈영웅〉에서 '누가 죄인인가'의 가사 중 일부분이에요. 안중근이 이토 히로부미를 살해한 후 재판정에서 그를 죽인 이유에 대해 이야기하는 장면이지요. 이토의 죄가 하늘과 사람이 함께 노할 만큼 엄청난 죄라고 말하고 있어요.

베니스의 상인

안토니오는 돈이 필요한 친구를 위해 고리대금업자 샤일록을 찾아갔어요. 샤일록은 돈을 갚지 못하면 심장 근처의 살 1파운드를 베어 내겠다고 했지요. 안토니오는 제안을 받아들이고 돈을 빌리지만, 파산해 돈을 갚지 못했어요. 재판관은 샤일록에게 자비를 베풀라고 하면서 돈을 세 배로 주겠다고 설득했지만 샤일록은 계약서대로 살을 베어 내겠다고 했어요. 위험하니 의사를 부르자는 것도 거부한 샤일록은 정말 천인공노할 잔인한 사람이었어요. 마침내 샤일록이 안토니오에게 칼을 들이대자 재판관이 말했어요. 계약서대로 살만 떼어 내야지, 피가 한 방울이라도 나면 샤일록의 재산은 법에 따라 몰수할 것이라고요. 샤일록은 후회했지만 되돌릴 수 없었답니다.

비슷한말

신인공분 神人共憤
하늘과 사람이 함께 노한다는 뜻으로, 누구나 분노할 만큼 증오스럽거나 도저히 용납할 수 없음을 이르는 말.

생각해 보자!

우리나라 역사에서 여러분이 생각하는 천인공노할 사건은 무엇인가요?

 〈영웅〉은 대한 제국의 주권을 일본에게 빼앗길 위기에 놓인 1909년, 만주 하얼빈에서 조선의 초대 통감을 지낸 이토 히로부미를 암살한 안중근의 이야기를 다룬 뮤지컬이에요.

무위도식

無爲徒食
없을 무 할 위 무리 도 밥 식

아무 하는 일 없이 다만 먹기만 한다

무위도식은 아무 것도 하지 않고 놀고, 먹기만 하는 것을 말해요. 게으르고 능력 없는 사람을 가리키기도 하지요. 그래서 게으른 사람의 모습을 꼬집는 부정적인 의미로 많이 쓰여요.

교과서 국어 6학년 2학기(가) 3단원 타당한 근거로 글을 써요 – 공정무역

구보 씨의 무위도식

일제 강점기였던 1930년대 조선은 극심한 경제 위기를 겪고 있었어요. 산업 기반이 제대로 갖춰지지 않은 상황에서 1929년에 일어난 경제 대공황도 큰 영향을 끼쳤지요. 그 결과 직장을 구하지 못한 실업자가 늘어났어요. 당시 시대상을 반영한 박태원의 《소설가 구보 씨의 일일》의 주인공 구보 씨 역시 직장 없이 집에서 소설을 쓰며 무위도식하는 사람이었는데요. 많은 사람들이 구보 씨처럼 무위도식하며 지냈다고 해요.

기름 강아지로 호랑이 잡기

옛날에 집 안에 꼼짝 않고 누워서 먹고 자고 무위도식하는 게으름뱅이 총각이 살았어요. 보다 못한 어머니가 일 좀 하라고 잔소리를 하자, 마지못해 일어난 총각은 참깨를 심어 가꾸었어요. 참깨에서 참기름을 가득 짜낸 총각은 강아지에게 참기름을 먹이고, 참기름에 목욕도 시켰어요. 그러고는 강아지에게 긴 줄을 둘둘 말아서 산에 있는 나무에 묶어 두었지요. 기름 냄새를 맡은 호랑이가 와서 강아지를 잡아먹었는데, 너무 미끄러워 그만 호랑이 똥구멍으로 쏙 빠져나왔지 뭐예요. 재빨리 다른 호랑이가 강아지를 먹고, 또 빠져나오고, 또 다른 호랑이가 먹고, 빠져나오고 그렇게 수많은 호랑이들이 긴 줄에 줄줄 꿰여서 총각은 부자가 되었답니다.

반대말

마부작침 磨斧作針
도끼를 갈아서 바늘을 만든다는 뜻으로, 끊임없이 노력하면 반드시 성공을 거둘 수 있다는 말.

생각해 보자!

여러분 주위에 무위도식하는 사람이 있나요? 그런 사람을 보면 여러분은 어떤 생각이 드나요?

 박태원은 그의 자전적 소설인 《소설가 구보 씨의 일일》(1934년)과 서울 청계천변에서 벌어지는 서민들의 다양한 생활상을 그린 《천변풍경》(1936년) 등의 작품을 통해 1930년대 시대상을 사실적으로 그려낸 작가예요.

임기응변

臨機應變
임할 **임** | 틀 **기** | 응할 **응** | 변할 **변**

뜻밖의 일을 재빨리 알맞게 처리하다

가끔 예상하지 못한 뜻밖의 상황에 놓일 때가 있지요. 그럴 때 재치가 있는 사람은 상황에 알맞게 재빨리 일을 처리할 수 있어요. 바로 그런 일 처리를 가리켜 임기응변이라고 해요.

| 교과서 | 국어 3학년 2학기(나) 9단원 작품 속 인물이 되어 – 토끼의 재판 |

손초의 재치

진나라 손초는 임기응변에 능하기로 유명했어요. 그는 속세를 떠나 산에서 살기로 마음먹고 친구인 왕제에게 "돌로 양치질을 하고 흐르는 물을 베개로 삼아 살 거야."라고 말했어요. 그러자 친구가 "돌로 베개를 삼고 흐르는 물에 양치질을 하는 거겠지."라고 지적하자 손초는 "흐르는 물을 베개로 삼겠다고 한 것은 허유처럼 더러운 말을 들으면 귀를 씻기 위함이고, 돌로 양치질을 한다고 한 것은 이를 튼튼하게 하려는 것이지."라며 임기응변으로 답했답니다.

토끼의 재판

나그네가 길을 가다 구덩이에 빠진 호랑이가 살려 달라 애원하는 것을 들었어요. 살려 주면 잡아먹을 것 같다고 하자 호랑이는 아니라며 은혜를 갚겠다고 했어요. 나그네가 큰 나무를 걸쳐 준 덕에 호랑이는 구덩이 밖으로 나왔어요. 그런데 호랑이는 나그네를 잡아먹으려고 했지요. 목숨을 잃게 된 나그네는 다른 동물들의 의견을 들어 보자 했어요. 토끼가 말했어요. "모르겠는데요? 원래대로 해 볼래요?" 그러자 호랑이가 구덩이로 들어갔어요. 그때 나그네는 나무를 치웠고 호랑이는 다시 나올 수 없었지요. 토끼의 임기응변 덕에 나그네는 목숨을 건졌답니다.

비슷한말

수시응변 隨時應變
그때그때 처한 상황에 따라 변화함.

생각해 보자!
여러분은 갑작스러운 어떤 상황에서 임기응변으로 위기를 모면한 경험이 있나요?

 허유는 요임금이 천하를 물려주겠다고 하자, 이를 거절하고는 더러운 말을 들었다며 강물에 귀를 씻은 것으로 유명한 사람이에요. 중국 허난성에 허유가 귀를 씻었다는 곳이 있답니다.

경천동지

驚 天 動 地
놀랄 경 / 하늘 천 / 움직일 동 / 땅 지

하늘이 놀라고 땅이 흔들리게 한다

세상을 깜짝 놀라게 할 만한 의외의 사건을 뜻하는 말이에요. 더불어 어떤 분야에서 특출 나게 뛰어난 것을 가리키는 말이기도 해요.

| 교과서 | 국어 5학년 1학기(가) 2단원 작품을 감상해요 - 덕실이가 말을 해요 |

천지가 놀라는 시

"채석강 강가의 이백의 묘,
둘러싼 들풀은 구름에 닿을 듯 끝이 없구나.
가련하다 삭막한 무덤 속 묻힌 이여,
하늘을 놀래고 땅을 흔드는 문장가였네.
시인의 운명은 박하다 하지만,
실의에 빠져 본 누구도 그대만큼은 못 하리."

당나라 시인 백거이가 이백의 옛 묘를 보고 지은 시 《이백묘》입니다. 백거이는 위대한 문장가였던 이백의 시가 살아생전에 사람들을 놀라게 했을 뿐 아니라 후대에도 기억할 만큼 훌륭함을 이야기하고 있어요. 백거이는 이백의 문장 실력이 천하를 움직일 만큼 대단했다며 "경천동지"라고 표현했어요.

우리나라 최초의 철도 경인선

세계 첫 증기기관차는 산업혁명의 진원지인 영국에서 19세기에 처음 만들어졌어요. 우리나라에는 1899년 처음으로 증기기관차가 들어왔는데요. 서울 노량진에서 인천 제물포를 잇는 경인선 33.2킬로미터 구간에 투입됐어요. 이 증기기관차는 시속 20~22킬로미터의 속도로 서울~인천을 하루 두 번 왕복했어요. 당시 서울~인천 구간은 뱃길로 9시간, 도보로 12시간 이상 걸리던 길이었는데, 이 기차가 그 길을 1시간 30분 만에 주파했어요. 당시 우리나라 사람들에게 그야말로 경천동지할 사건이었어요.

비슷한말

진천동지 震天動地
하늘이 진동하고 땅이 흔들리다. 위엄을 천하에 떨친다.

생각해 보자!

여러분은 지금까지 경천동지할 만한 놀라운 작품을 만난 적이 있나요? 여러분에게 가장 멋지고 놀라운 소설이나 영화로 무엇이 있는지 생각해 봅시다.

 "달아 달아 밝은 달아 이태백이 놀던 달아." 전래 동요인 〈달아 달아 밝은 달아〉의 첫 구절에 등장하는 이태백이 바로 경천동지할 시를 쓴 중국의 시인 이백입니다.

천신만고

千辛萬苦
일천 천 · 매울 신 · 일만 만 · 괴로울 고

천 가지 매운 일과 만 가지 괴로움

천신만고는 천 가지 매운 일과 만 가지 괴로움이라는 뜻으로, 마음과 힘을 다해 애씀을 이르는 말이에요. '천'과 '만'은 아주 많음을 뜻하는 상징적인 숫자랍니다.

교과서 국어 4학년 1학기(나) 9단원 자랑스러운 한글 – 주시경

부모의 은혜

"부모가 자식을 낳아 돌보고 기르는 것이 천신만고이니, 추위도 애가 우는 소리도 결코 꺼리지 않는다."

중국 《둔황문헌》에 전해지는 내용이에요. 부모가 자식을 낳아 키우는 것이 천신만고, 즉 셀 수 없이 많은 괴로움이라는 것이지요. 그런 고생에도 불구하고 마음과 힘을 다해 애쓰는 것이 부모이니, 그 은혜가 그만큼 크고 무겁다는 것을 일깨운 글이에요. 오늘날에는 괴로움을 이겨 내고 노력한다는 뜻으로 '천신만고 끝에 뜻을 이루다.' '천신만고 끝에 우승하다.' 등의 형태로 쓰인답니다.

한글을 사랑한 주시경

주시경은 서당에서 한문을 배우면서 쉬운 우리말을 두고 왜 어려운 한자를 사용해야 할까 생각했어요. 그래서 우리말을 쉽게 표현할 수 있는 우리글을 연구하기 시작했지요. 집안 형편이 어려워 인쇄소에서 일하며 생활비를 마련해야 했던 주시경은 몹시 피곤했지만, 한글에 대한 열정으로 매일 밤낮없이 공부했어요. 그런 천신만고의 노력 끝에 1906년 《대한 국어 문법》이라는 우리나라 최초의 한글 문법책이 탄생했지요. 그는 또한 한글을 배우고 싶어 하는 사람들이 있다면 어디든 달려가 한글을 가르쳤어요. 큰 보자기에 책을 넣고 한글을 가르치려 동분서주했던 그를 사람들은 '주보따리'라 불렀답니다.

비슷한말

백고천난 百苦千難
백 가지의 고통과 천 가지의 어려움이라는 뜻으로, 헤아릴 수 없는 많은 고난과 고통을 이르는 말.

생각해 보자!

부모님이 여러분을 낳고 키우면서 겪었을 천신만고는 어떤 것이 있을까요? 생각해 보고 부모님께 감사의 말을 전해 봅시다.

 주시경과 제자들은 우리말 사전 '말모이'를 만들려 시도했지만 출판되지는 못했어요. 이후 조선어학회에서 말모이 원고를 기초로 1947년 《조선말 큰사전》을 편찬했답니다.

고진감래

苦盡甘來
쓸 고 · 다할 진 · 달 감 · 올 래

쓴 것이 다하면 단 것이 온다

살다 보면 어렵고 힘든 일만 계속될 때도 있어요. 그러나 그렇게 고생을 하다 보면 그 끝에는 기쁨이 있다는 것이 우리 선조들이 직접 겪어 알고 있는 세상의 이치랍니다.

교과서 도덕 5학년 3단원 긍정적인 생활 - 장애를 극복한 윌마 루돌프

장애를 극복한 올림픽 3관왕

1940년 미국에서 태어난 윌마 루돌프는 네 살 때 걸린 병의 후유증으로 한쪽 다리를 쓸 수 없었어요. 의사는 '걸을 수 없을 것'이라 했지만 어머니는 포기하지 않았어요. 가난한 형편에 치료비도 없었지만 어머니의 헌신으로 루돌프는 치료를 받을 수 있었지요. 열한 살에 걸을 수 있게 된 루돌프는 육상 선수가 되고 싶었어요. 고된 훈련과 부상, 슬럼프를 딛고 루돌프는 1960년 로마 올림픽 금메달 3관왕이라는 영광을 얻었어요. 고난을 이겨 낸 루돌프의 고진감래였어요.

구렁덩덩 새신랑

할머니가 뱀을 낳았어요. 뱀이 이웃집 셋째 딸과 결혼하자 허물을 벗고 잘생긴 남자가 되었지요. 뱀 신랑은 허물을 남에게 보이면 안 된다고 당부하며 과거를 보러 갔어요. 그런데 두 언니가 허물을 보고 불에 태웠어요. 그 후 신랑은 돌아오지 않았죠. 신랑을 찾아 나선 셋째 딸은 갖은 고생을 하며 신랑이 사는 지하 세계에 도착했어요. 그런데 다른 여자와 살고 있었죠. 그 여자와의 내기에 이겨야 신랑을 데려올 수 있었어요. 셋째 딸은 목숨 걸고 내기에 임해 이겼어요. 고진감래라고 다시 행복이 찾아왔답니다.

비슷한 속담

고생 끝에 낙이 온다
어려운 일이나 고된 일을 겪은 뒤에는 반드시 즐겁고 좋은 일이 생긴다는 말.

반대말

흥진비래 興盡悲來
즐거운 일이 지나면 슬픈 일이 닥쳐온다는 뜻.

생각해 보자!
여러분에게 견디기 힘들 만큼 어려운 일이 있나요? 그 고생의 끝에 올 기쁨을 생각하며 힘을 내어 봅시다.

 루돌프는 은퇴 후에 재단을 설립해 가난한 이들을 도왔어요. 고난을 이겨 내고 얻은 영광을 나눔에 사용한 루돌프는 사람들의 존경을 받았지요. 고향 사람들은 한 도로를 '윌마 루돌프 길'이라 부르며 루돌프를 기억하고 있어요.

독불장군

獨 不 將 軍
홀로 독 / 아닐 불 / 장수 장 / 군사 군

무슨 일이든 자기 마음대로 혼자서 처리하다

독불장군은 '혼자서는 장군이 될 수 없다'는 뜻으로, 남의 의견을 무시하고 혼자 모든 일을 처리하는 사람을 나타내는 말입니다. 혼자 잘난 체하며 뽐내다 따돌림 당하는 외로운 사람을 뜻하기도 합니다.

| 교과서 | 국어 활동 3학년 1학기 8단원 의견이 있어요 – 먹보 다람쥐의 도토리 재판 |

태양왕 루이 14세

'태양왕'이라 불렸던 17세기 프랑스의 왕 루이 14세는 "내가 곧 국가다."라며 절대적인 권력을 자랑했어요. 그는 전쟁을 통해 영토를 넓히며, 나라의 경제와 문화를 발전시켜 프랑스를 유럽에서 가장 강한 국가로 만들었지요. 그러나 잦은 전쟁으로 나라는 점점 가난해졌어요. 게다가 왕은 귀족들이 자신에게 대항하지 못하도록 궁전에 초대하여 즐기게 하면서 나랏돈을 낭비했어요. 아무도 왕의 행동이 잘못되었다고 말하지 못했어요. 왕이 자신의 힘을 믿고 누구의 말도 듣지 않았기 때문이에요. 결국 루이 14세는 '독불장군 같은 절대군주'로 역사에 기록되었어요.

뱀의 머리와 꼬리

"왜 만날 머리 너만 앞에 있는 거야?" 뱀의 꼬리는 불만이 많았어요. 같은 뱀의 몸인데 왜 항상 머리가 가는 데로만 쫓아가야 하느냐고요. 하는 수 없이 머리는 꼬리에게 앞자리를 내어 주었어요. 그런데 정작 앞에 나서자 꼬리는 어디로 가야 할지 몰랐어요. 웅덩이에 빠지고, 가시덤불로 들어가기도 했죠. 여기저기 부딪혀 몸은 상처투성이가 됐어요. 그러다 그만 뱀 꼬리는 뜨거운 불구덩이에 들어가고 말았어요. 독불장군처럼 다른 사람의 충고를 듣지 않고 자기 고집대로만 한 꼬리 때문에 결국 뱀은 불에 타 버리고 말았답니다.

비슷한말

벽창호 碧昌호-
고집이 세며 완고하고 우둔하여, 도무지 말이 통하지 않는 무뚝뚝한 사람.

고집불통 固執不通
조금도 융통성이 없이 자기주장만 계속 내세우는 일. 또는 그런 사람.

생각해 보자!

여러분의 주변에 독불장군 같은 사람이 있나요? 그 사람으로 인해 주변 사람들이 어떤 부분이 불편한지 생각해 봅시다.

 루이 14세는 자신이 가진 권력을 태양에 비유했어요. 그래서 태양왕이라 불렸지요. 이처럼 절대적인 왕권을 누린 루이 14세는 자신의 영광과 권력을 과시하기 위해 거대하고 화려한 베르사유궁전을 지었답니다.

함흥차사

咸 興 差 使
다 함 · 일어날 흥 · 어긋날 차 · 부릴 사

아무리 기다려도 소식이 없다

《춘향전》에서 한양으로 과거 보러 간 이몽룡은 기다리고 있는 춘향에게 오랫동안 소식도 전하지 않고 돌아오지 않았지요. 누군가를 기다리는데 오지도, 소식도 전하지 않을 때 쓰는 말이 함흥차사예요.

교과서 사회 5학년 2학기 1단원 옛사람들의 삶과 문화 – 조선의 건국 과정을 알아봅시다

함흥으로 보낸 차사

조선을 건국한 태조 이성계는 자녀들이 왕의 자리를 놓고 수없이 다투자, 그 모습을 보다 못해 왕위를 정종에게 물려주고 함흥으로 갔어요. 형제들을 죽이고 끝내 왕위를 차지한 태종 이방원은 아버지로부터 왕위 계승의 정당성을 인정받기 위해 아버지를 도성으로 모셔 오려고 함흥으로 여러 번 사신을 보냈지요. 그런데 어쩐 일인지 함흥에 간 사신들이 소식도 없고, 돌아오지도 않았어요. 여기에서 유래한 말로 기다리는 사람이 소식도 없고 돌아오지도 않을 때 함흥차사라고 해요.

박제상과 망부석

신라 눌지왕에게는 근심이 있었어요. 고구려와 일본에 인질로 잡혀 돌아오지 못하는 동생들 때문이었지요. 왕은 신하 박제상에게 그들을 데려오라 명했어요. 박제상은 고구려로 가서 눌지왕의 동생 복호를 데려오고, 일본으로 가서 미사흔을 신라로 도망치게 했어요. 그러나 자신은 다시 돌아오지 못했지요. 박제상의 아내는 매일 언덕에 올라 일본을 바라보며 남편을 기다렸어요. 함흥차사, 소식 한 장 없는 남편을 애타게 기다리던 아내는 그 모습 그대로 돌이 되었지요. 후에 사람들이 그 돌을 망부석이라 불렀답니다.

비슷한말

일무소식 一無消息
도무지 소식이 하나도 없음.

종무소식 終無消息
끝끝내 이렇다 할 아무 소식이 없음.

생각해 보자!

여러분은 함흥차사인 누군가를 기다려 본 적 있나요? 그때 기분이 어땠는지 생각해 봅시다.

 함흥차사의 '함흥'은 함경남도(북한)에 있는 지역이고, '차사'는 임금이 중요한 임무를 위하여 파견하던 임시 벼슬을 말해요. 조선 태종 때 함흥차사로 성석린과 박순이 있지요.

속수무책

束手無策
묶을 속 · 손 수 · 없을 무 · 책략 책

손이 묶여 어떠한 계책도 세울 수 없다

만약 손이 꽁꽁 묶여 있다면 어떨까요? 아무것도 할 수 없겠지요. 마치 손이 묶여 있는 것처럼 아무런 해결책을 찾을 수 없는 답답한 상황을 가리킬 때 쓰는 말이 속수무책이에요.

| 교과서 | 국어 2학년 2학기(나) 11단원 실감 나게 표현해요 – 피노키오 |

을사늑약

1904년 한반도를 둘러싸고 일어난 러일전쟁이 일본의 승리로 끝났어요. 이후 러시아는 한반도에서의 일본의 권리를 인정한다는 내용이 담긴 포츠머스 강화조약을 맺었어요. 그 후 일본에서 온 이토 히로부미는 대한 제국의 외교권을 일본에게 넘기고 우리나라가 일본의 보호국이 되어야 한다는 내용의 조약을 체결하자고 고종에게 강요했어요. 고종은 거부했지만 일본은 이 조약 체결에 동조한 다섯 명의 대신(을사오적)을 앞세워 고종의 허가 없이 단독으로 을사늑약을 체결했어요. 일제의 강압적인 처신에 우리나라는 속수무책으로 당하고 말았어요.

양치기 소년

양치기 소년은 매일 양을 데리고 산에 가서 풀을 먹였는데, 그 시간이 너무 지루했어요. 어느 날 너무 심심했던 소년이 마을을 향해 외쳤어요. "늑대다! 늑대가 나타났다!" 마을 사람들이 허둥지둥 달려왔지만 늑대는 없었어요. 황당해 하는 사람들을 보고 소년은 거짓말이라며 재밌어 했어요. 며칠 후 소년은 똑같은 장난을 쳤고 사람들은 또 화가 나 돌아갔어요. 그런데 얼마 후, 진짜 늑대가 나타났어요. 소년은 늑대가 나타났다고 소리를 질렀지만, 사람들은 거짓말이라고 생각해 아무도 도와주러 오지 않았지요. 결국 소년은 늑대가 양을 잡아먹는 모습을 속수무책으로 바라볼 수밖에 없었답니다.

비슷한 속담

줄 끊어진 연 쳐다보는 격
줄이 끊어진 연을 멍청히 바라보듯, 손을 쓸 수 없는 상황에 놓인 것을 비유적으로 이르는 말.

생각해 보자!
여러분은 속수무책의 상황에 놓여 본 경험이 있나요? 정말 속수무책으로 당할 수밖에 없었나요?

 을사조약과 을사늑약은 무슨 차이가 있나요? 조약은 두 나라 간에 맺은 약속을 말하고, 늑약은 굴레 늑(勒) 자를 써서 억지로 맺어진 조약을 말해요. 그래서 을사조약이 아니라 을사늑약이 맞는 말이랍니다.

자포자기

自暴自棄
스스로 **자** 사나울 **포** 스스로 **자** 버릴 **기**

자신을 스스로 해치고 버리다

너무 힘든 상황에 놓이게 되면 절망에 빠져 자신을 스스로 포기하고, 돌보지 않게 될 때가 있지요. 그런 상황을 자포자기라고 해요.

교과서 도덕 3학년 2단원 인내하며 최선을 다하는 생활 – 다인이의 이야기

맹자의 자포자기

맹자는 '스스로를 해치는 자'(자포)와는 진리를 말할 수 없고, '스스로를 버리는 자'(자기)와는 진리를 행할 수 없다고 말했어요. 여기서 '자포'는 예의를 지키지 않는 것을 말하고, '자기'는 올바른 뜻을 따라 행하지 않는 것을 말해요. 예의 없고, 올바르게 살지 않는 사람과는 진리를 말하고 행할 수 없다는 뜻이지요. 오늘날에는 의미가 조금 바뀌어 절망에 빠져 자신을 스스로 포기하고 돌아보지 않는, 될 대로 되라는 식의 체념의 뜻을 설명할 때 쓰여요.

삼 년 고개

산속에 있는 집에 사는 할아버지가 장날에 장에 가려면 고개를 넘어야 했는데, 그 고개는 넘어지면 삼 년밖에 못 산다는 삼 년 고개였어요. 할아버지는 고개를 넘을 때마다 넘어지지 않으려 애썼지요. 어느 날 고개를 넘고 있는데 풀숲에서 토끼 한 마리가 뛰어나와 놀란 할아버지가 벌러덩 넘어지고 말았어요. 할아버지는 그날로 앓아누웠지요. 삼 년밖에 못 산다 생각하니 자포자기한 할아버지는 제대로 먹지도, 자지도 못했어요. 소식을 들은 이웃집 청년이 찾아와 삼 년 고개로 가자 했어요. 삼 년 고개에서 한 번 넘어지면 3년 살 수 있으니 두 번이면 6년, 세 번이면 9년 더 살 수 있다고요. 그 말을 들은 할아버지는 삼 년 고개에서 몇 번이고 넘어졌답니다.

반대말

자강불식 自强不息
스스로 힘써 몸과 마음을 가다듬어 쉬지 아니함.

생각해 보자!

여러분은 어떤 일이 너무 힘들어서, 혹은 실망해서 자포자기의 심정을 가진 적이 있나요?

 '맹모삼천지교'라는 말이 있어요. 맹자가 어릴 때 묘지 근처에 살았더니 장사 지내는 흉내를 내고, 시장 근처로 옮겼더니 물건 파는 흉내를 내서 결국 글방 근처로 이사를 했다고 해요. 교육에는 환경이 중요하다는 뜻이지요.

역지사지

易地思之
바꿀 역 | 땅 지 | 생각할 사 | 갈 지

다른 사람의 처지에서 생각하다

사람들은 서로 뜻이 맞지 않을 때 "입장 바꿔 생각해 봐."라고 말하곤 합니다. 각자의 입장만 생각하고 상대방의 처지를 이해하지 않는다면 싸움만 계속되겠지요?

| 교과서 | 도덕 3학년 3단원 사랑이 가득한 우리 집
도덕 6학년 4단원 공정한 생활 – 가족의 속마음, 세 이야기 |

역지사지의 실천

중국의 '우'와 '후직'은 백성들의 보다 나은 삶을 위해 애쓴 사람으로 유명해요. 또한 공자의 제자인 안회는 가난하게 살면서도 도를 지켜 행한 것으로 유명하지요. 맹자는 "우와 후직, 안회는 같은 길을 가는 사람이다. 우와 후직은 백성을 다스리는 높은 지위에 있었고, 안회는 가난한 백성이었지만 서로의 처지가 바뀌었더라도 한결같이 행동했을 것이다."라며 '역지즉개연'이라 했는데, 이 말에서 역지사지가 생겨났어요. 그들은 '다른 사람의 처지에서 헤아려 보아야 한다.'는 뜻의 역지사지를 잘 실천한 사람들이랍니다.

여우와 두루미

여우가 맛있는 수프를 끓였다며 두루미를 집에 초대했어요. 여우는 납작한 접시에 수프를 담아 대접했지요. 하지만 두루미는 부리가 길어 수프를 먹을 수 없었어요. 얼마 후 두루미가 여우를 집에 초대했어요. 두루미는 입이 가늘고 긴 병에 맛있는 생선튀김을 담아 주었어요. 여우는 부리가 없어 생선튀김을 먹지 못하고 냄새만 맡았어요. 역지사지로 서로의 입장을 미리 생각했다면 둘이 같이 맛있게 식사를 할 수 있었을 텐데 안타깝지요.

반대말

아전인수 我田引水
자기 논에 물 대기라는 뜻으로, 자기에게만 이롭게 되도록 생각하거나 행동함을 이르는 말.

생각해 보자!

여러분은 친구와 싸울 때 역지사지해 본 경험이 있나요? 역지사지로 무엇을 깨달았는지 생각해 봅시다.

 《맹자》에는 "남을 예우해도 답례가 없으면 공경하는 태도를 돌아보고, 남을 사랑해도 친해지지 않으면 인자함을 돌아보고, 남을 다스려도 다스려지지 않으면 지혜를 돌아보라."라는 말이 나와요. 상대 시각으로 보라는 뜻이에요.

견위수명

見危授命
볼 견 / 위태할 위 / 줄 수 / 목숨 명

위태로움을 보고 목숨을 바치다

역사 속 많은 나라가 서로 전쟁을 하고, 나라를 빼앗기기도 하고, 멸망당하기도 했어요. 견위수명은 나라가 위태로울 때 한 나라의 국민으로서 나라를 위해 목숨을 바치는 것을 뜻하는 말이에요.

교과서 사회 6학년 1학기 1단원 사회의 새로운 변화와 오늘날의 우리 – 안중근

성인(成人)의 조건

공자의 제자 자로가 공자에게 '완전한 사람'(성인成人)은 어떤 사람인가 묻자 공자는 "지혜롭고 청렴하며, 용기 있고 재능이 있으며, 예의가 있고 예술을 사랑하는 자"라고 답했어요. 그러면서 "오늘날의 완전한 사람이란 이익이 생기면 옳음을 따져 보고, 위기를 만나면 목숨을 바치고, 오래전의 약속을 평생의 약속으로 여겨 잊지 않는 사람이다."라고 덧붙였지요. 이 문장에서 유래한 견위수명은 이후 나라를 위해서는 목숨도 아낌없이 바칠 줄 아는 충신을 일컫는 말로 쓰였답니다.

견위수명을 실천한 안중근

1909년 2월 안중근을 비롯한 12명의 독립운동가가 단지 동맹을 맺었어요. 그들은 왼손의 약지를 끊어 피로 '대한독립'(大韓獨立)이라 쓰며 나라를 위해 헌신할 것을 다짐했지요. 8개월 후인 10월 26일, 안중근은 일본의 이토 히로부미를 사살한 뒤 체포되었어요. 그는 감옥에서 〈논어〉, 〈사기〉의 글을 붓글씨로 썼는데 지금까지 전해지는 글씨가 '견리사의 견위수명'이에요. '이익이 생기면 의를 생각하고, 위기에 놓이면 목숨을 바친다.'는 글 옆에 약지의 한 마디가 잘려 나간 안중근 의사의 손도장이 찍혀 있답니다.

같은 말

견위치명 見危致命
나라가 위태로울 때 자기 몸을 나라에 바침.

생각해 보자!

역사 속 인물 중 안중근 의사처럼 견위수명한 인물로 또 누가 있을까요?

 일본의 총리대신이었던 이토 히로부미는 대한 제국을 압박해 을사늑약을 강제로 체결한 후 초대 통감이 되었어요. 그는 대한 제국을 식민지로 만들고 일본이 아시아 대륙을 침략하는 데 앞장섰지요.

소탐대실

小貪大失
작을 소 / 탐할 탐 / 큰 대 / 잃을 실

작은 것을 탐하다 큰 손실을 입는다

작은 것에 눈이 어두워져 큰 것을 잃는다는 뜻으로, 작은 이익에 정신을 팔다가 오히려 큰 손해를 보게 되는 어리석음을 뜻하는 말이에요.

| 교과서 | 국어 활동 2학년 1학기 3단원 마음을 나누어요 – 스무 냥, 서른 냥 |

작은 것을 탐낸 결과

전국 시대 진나라 혜왕이 촉나라를 공격하기 위해 계략을 짰어요. 혜왕은 신하들에게 옥으로 소를 조각하라 했지요. 황금과 비단을 채워 넣은 소를 선물하겠다고 하자, 촉나라의 군주는 진나라의 사신을 반갑게 맞이했어요. 그러나 보물이 담긴 소와 함께 온 것은 무기를 갖춘 진나라의 장병 수만 명이었지요. 진나라는 선물을 주는 척하며 촉나라를 공격했고, 그 결과 촉나라는 멸망하고 말았어요. 촉나라 군주의 어마어마한 소탐대실이지요.

스무 냥 서른 냥

한 선비가 길을 가다 돈주머니를 발견해 주인을 찾아 주려고 사또에게 갔어요. 그곳에는 돈을 잃어버린 나그네가 전전긍긍하고 있었지요. 사또가 이 돈주머니가 네가 찾는 것이냐 물으니 맞다 해서 주머니를 열어 보니 스무 냥이 들어 있었어요. 나그네는 순간 선비에게 돈을 뜯어낼 생각으로, 스무 냥이 아니라 서른 냥이 들어 있었다고 거짓을 말했어요. 돈주머니를 열어 보지도 않고 가지고 온 선비는 속이 탈 노릇이었지요. 거짓을 눈치챈 사또가 말했어요. "이 주머니는 자네 것이 아니군. 돈을 주운 자는 주인이 나타나지 않으면 돈을 가지고, 돈을 잃은 자는 서른 냥이 든 돈주머니가 나타날 때까지 기다려라." 나그네는 욕심 때문에 소탐대실하고 말았답니다.

작은 보물을 얻으려다가 나라를 잃게 생겼구나!

비슷한말

교각살우 矯角殺牛
소의 뿔 모양을 바로잡으려다 소를 죽인다는 뜻으로, 작은 흠이나 결점을 고치려다 도리어 일을 그르친다는 뜻.

생각해 보자!

여러분은 작은 것을 욕심내다 큰 것을 잃은 경험이 있나요? 그런 일을 자주 겪는 편인가요?

 조선 시대 엽전 한 닢(푼)으로는 종이 한 장을, 엽전 열 닢(1전)으로는 짚신 두 켤레를 살 수 있었다고 해요. 엽전 백 닢이 한 냥인데 한 냥으로는 쌀 한 말을 살 수 있었고, 노비 한 명을 사는 데는 열 냥이 필요했답니다.

점입가경

漸 入 佳 境
점차 점 / 들 입 / 아름다울 가 / 지경 경

갈수록 경치가 더해진다

높은 산에 오르거나, 전망대에 올라갈 때 높이 올라갈수록 점점 더 멋진 경치가 펼쳐지는데요. 경치가 점점 좋아지는 것처럼, 문장이나 일의 상황이 갈수록 재미있게 전개되는 것을 점입가경이라고 해요.

| 교과서 | 국어 5학년 1학기(나) 7단원 기행문을 써요 – 돌하르방 어디 감수광 |

사탕수수의 맛

옛날에 고개지라는 사람은 사탕수수를 즐겨 먹었는데, 늘 가느다란 줄기 부분부터 씹어 먹었어요. 이를 이상하게 여긴 친구들이 사탕수수를 왜 거꾸로 먹느냐고 물었더니, 고개지는 갈수록 점점 단맛이 나기 때문이라고 대답했지요. 이때부터 점입가경이 경치나 문장 또는 어떤 일의 상황이 갈수록 재미있게 전개되는 것을 뜻하게 되었답니다.

옥황상제 바위

하늘나라의 옥황상제가 아름답다고 소문난 금강산을 구경하려고 내려왔어요. 그는 비로봉에 와서 내외금강을 굽어보고, 다시 장군봉을 비롯하여 1만 2천 봉우리를 차례로 구경했어요. 금강산의 경치가 어찌나 아름답던지 보면 볼수록 점입가경이었지요. 옥황상제는 계곡에 이르러 맑은 물을 보자 잠시 쉬어 가고 싶었어요. 그는 관을 벗어 바위에 올려놓은 후 옷을 벗고 물속에 들어갔어요. 이때 금강산을 지키는 산신이 나타나, 이 물은 약수여서 사람들이 마시는 물인데 여기서 목욕을 하다니 부끄럽지 않으냐며 옥황상제의 관을 들고 가 버렸어요. 옥황상제는 관이 없어 하늘로 올라가지 못하고 세존봉 중턱에 맨머리로 앉아 있는 옥황상제 바위가 되었답니다.

반대말

설상가상 雪上加霜
내리는 눈 위에 서리까지 더한다는 뜻. 어려운 일이나 불행이 겹쳐서 일어남을 비유적으로 이르는 말.

생각해 보자!

여러분이 읽은 책 중에 읽을수록 점입가경으로, 점점 더 재미있어지는 책으로 어떤 것이 있나요?

 북한에 있는 금강산은 최고봉인 비로봉의 높이가 1,638미터에 달하는 큰 산이에요. 비로봉 외에도 1만 2천여 개의 봉우리가 절경을 이루는 산으로 유명하지요.

후회막급

後 悔 莫 及
뒤 후 뉘우칠 회 없을 막 미칠 급

뒤늦게 뉘우쳐도 소용이 없다

우리는 매일 크고 작은 후회를 하지요. 후회막급은 어떤 일이 잘못되었는데, 이미 일이 벌어진 뒤라 아무리 후회해도 되돌릴 방법이 없을 때 쓰는 말이에요.

| 교과서 | 국어 4학년 2학기(나) 7단원 독서 감상문을 써요 – 투발루에게 수영을 가르칠 걸 그랬어! |

늦은 후회

초나라 문왕은 신나라를 공격하고 싶어 했는데, 신나라로 가기 위해서는 등나라를 거쳐야 했어요. 문왕은 등나라에 사신을 보내어 지나가게 해 달라고 부탁했지요. 이때 등나라 왕은 문왕의 아저씨인 기후였어요. 기후는 조카가 지나가는 게 뭐가 문제냐며 허락해 주었지요. 그때 등나라의 충신들이 왕에게 말했어요. 문왕이 머지않아 우리를 칠 것이니 그를 믿지 말라고요. 그러나 기후는 충신의 말을 무시했지요. 10년 후 문왕이 등나라에 쳐들어왔고, 이를 예상치 못한 등나라는 꼼짝없이 당하고 말았어요. 조카를 믿었던 게 후회막급이었지만 소용없었지요.

청개구리 이야기

엄마의 말이라면 뭐든 다 거꾸로 하는 청개구리가 살았어요. 엄마가 올라오라고 하면 내려가고, 풀숲으로 가라 하면 물속으로 가고, "개굴개굴" 하라고 하면 "굴개굴개" 했지요. 어느 날 병이 난 엄마가 죽어 가면서 자신이 죽으면 산에 묻지 말고 냇가에 묻어 달라고 했어요. 그래야 청개구리가 산에 묻어 줄 것 같았지요. 엄마가 돌아가시자 청개구리는 그동안 엄마의 말을 안 들은 게 후회막급이었어요. 그래서 엄마 말대로 무덤을 냇가에 만들었어요. 그때부터 청개구리는 비가 오면 엄마 무덤이 떠내려갈까 봐 "개굴개굴" 하고 목 놓아 운답니다.

비슷한말

후회막심 後悔莫甚
더할 나위 없이 후회스러움.

생각해 보자!

여러분은 후회막급한 심정을 겪어 본 적 있나요? 어떤 일이었는지 생각해 봅시다.

 예부터 전해 오는 〈청개구리〉 이야기에서 유래된 말로, 모든 일에 엇나가거나 반대로 행하는 사람을 '청개구리'라고 해요. '그 녀석은 청개구리처럼 엄마 말을 하나도 듣질 않는다.'라고 쓰지요.

고사성어 따라 쓰기

이번 장에 나왔던 주요 고사성어의 의미를 떠올리며 한 글자씩 따라 써 보면서 의미를 되새겨 봅시다.

백	척	간	두

자	격	지	심

안	분	지	족

언	중	유	골

주	객	전	도

무	위	도	식

| 임 | 기 | 응 | 변 |

| 천 | 신 | 만 | 고 |

| 고 | 진 | 감 | 래 |

| 독 | 불 | 장 | 군 |

| 함 | 흥 | 차 | 사 |

| 역 | 지 | 사 | 지 |

| 소 | 탐 | 대 | 실 |

이심전심

"마음과 마음이 서로 통하다"

마음이 잘 통할 때 '텔레파시가 통한다.'고 표현하기도 하지요. 말하지 않아도 마음으로 마음이 전해지는 것을 이심전심이라고 해요.

이심전심

以 心 傳 心
써 이　마음 심　전할 전　마음 심

마음과 마음이 서로 통하다

마음이 잘 통할 때 '텔레파시가 통한다.'고 표현하기도 하지요. 말하지 않아도 마음으로 마음이 전해지는 것을 이심전심이라고 해요.

| 교과서 | 국어 2학년 2학기(가) 3단원 말의 재미를 찾아서 – 의좋은 형제 |

마음으로 전해진 불교의 진수

부처님이 제자들을 모아 놓고 설법을 했어요. 부처님은 연꽃 한 송이를 말없이 집어 들고 약간 비틀어 보였지요. 제자들은 부처님의 행동이 무슨 뜻인지 몰랐는데 '가섭'만 그 뜻을 깨닫고 빙그레 웃었어요. 그러자 부처님이 가섭에게 말했어요. "나에게는 인간 마음의 덕, 진리에 도달한 마음, 진리를 깨치는 마음, 그리고 이심전심으로 전하는 오묘한 진리가 있다. 이것을 너에게 주마." 이렇게 불교의 진수가 가섭에게 이심전심으로 전해졌어요.

의좋은 형제

마을에 농사를 지으며 사는 형제가 있었어요. 추수를 하고 논에 볏단을 쌓던 형은 문득 신혼인 동생이 쌀이 더 필요할 거란 생각이 들어 밤중에 자기 볏단을 가져다 동생 볏단에 더해 놓았어요. 동생도 형은 가족이 많으니 쌀이 더 필요할 거라며 밤중에 자기 볏단을 덜어 형의 볏단에 쌓아 놓았지요. 이튿날 두 사람은 볏단이 그대로인 걸 보고 이상하게 여겼어요. 그날 밤 또 서로의 논에 볏단을 가져다 놓았는데, 다음 날 논에 나가 확인해 보니 또 그대로였어요. 셋째 날 또 볏단을 나르다 두 사람이 딱 마주쳤어요. 이심전심 형제는 행복하게 웃었답니다.

비슷한말

심심상인 心心相印
말없이 마음과 마음으로 뜻을 전함.

생각해 보자!

여러분에게는 말하지 않아도 서로 마음이 통하는 친구가 있나요?

 《의좋은 형제》는 충남 예산에 사는 이성만, 이순 형제의 실제 이야기예요. 형제는 세종 대왕에게 포상을 받을 정도로 그 우애를 인정받았어요. 매년 형제를 기리는 '의좋은 형제 축제'가 의좋은 형제 공원에서 열린답니다.

진퇴양난

進退兩難
나아갈 진 · 물러날 퇴 · 둘 양 · 어려울 난

나아가지도 못하고 물러나지도 못하다

진퇴양난은 앞으로 나아갈 수도 없고 뒤로 물러설 수도 없는, 이러지도 못하고 저러지도 못하는 난처한 상황을 뜻하는 말이에요.

교과서 사회 6학년 1학기 1단원 사회의 새로운 변화와 오늘날의 우리 – 을사늑약의 과정

조조의 진퇴양난

조조가 유비와 '한중'이라는 지역을 놓고 싸울 때의 일이에요. 한중은 토지가 비옥하고 자원이 풍부해 서로 탐냈지요. 그런데 유비가 먼저 한중을 그의 세력권 안에 두게 되었고, 조조는 유비의 강력한 방어에 막혀 진퇴양난의 상황에 처했어요. 그러던 와중 조조가 닭을 먹는데 먹자 하니 먹을 것이 없고, 버리자 하니 아까운 닭의 갈비뼈를 보고 자신의 상황과 비슷하다는 생각이 들었어요. 한중이라는 지역이 포기하기는 아깝지만 무리해서 빼앗을 만큼 대단하지는 않다고 판단한 조조는 다음 날 철수했답니다.

방아 찧는 호랑이

오누이가 집에 있는데 호랑이가 나타났어요. 호랑이는 방으로 들어가려고 구멍을 찾아 들어갔는데 그 구멍은 아궁이였지요. 오누이는 짚단에 물을 적셔 아궁이 속에 넣고 불을 지폈어요. 매캐한 연기에 콜록대며 나온 호랑이가 이번엔 지붕 위로 올라갔지요. 호랑이가 큰 발로 초가지붕을 내리치자, 호랑이 뒷발이 집 안으로 내려왔어요. 그런데 그 발밑에 화롯불이 있어 호랑이는 뜨겁다며 버둥거렸지요. 지붕에 낀 채 발버둥을 치고 있는 진퇴양난의 호랑이 모습이 마치 방아 찧는 것 같았어요.

아이고, 위아래로 피할 곳이 없구나!

비슷한말

계륵 鷄肋
닭의 갈비뼈라는 뜻으로, 그다지 큰 소용은 없으나 버리기에는 아까운 것을 이르는 말.

비슷한 속담

가자니 태산이요 돌아서자니 숭산이라
앞에도 높은 산이고 뒤에도 높은 산이라는 뜻으로, 이러지도 저러지도 못할 난처한 지경을 이르는 말.

생각해 보자!

여러분은 진퇴양난에 처해 본 경험이 있나요? 어떤 일이었는지 떠올려 봅시다.

 쌀과 밀, 보리 등 곡식의 껍질을 벗겨 내는 데 사용하는 농기구를 방아라고 해요. 집에서는 절구에 넣고 찧었고, 방앗간에서는 발로 디뎌 찧는 디딜방아를 이용했어요. 그 외에 연자방아, 물레방아 등이 있지요.

청렴결백

淸廉潔白
맑을 청 | 청렴할 렴 | 깨끗할 결 | 흰 백

마음이 맑고 깨끗하다

국회의원 등 정치인들에게 요구되는 가장 큰 덕목이 바로 이 청렴결백이에요. 청렴결백은 마음이 맑고 깨끗하며 검소해 재물에 대한 욕심이 없는 사람을 가리키는 말이지요.

교과서 도덕 6학년 3단원 나를 돌아보는 생활 – 이황과 콩밥

청렴결백한 청백리

조선 시대에는 탁월한 관직 수행 능력과 청렴, 근검, 도덕 등의 덕목을 겸비한 관료를 뽑는 '청백리'라는 제도가 있었어요. 청백리로 뽑히면 그 후손들이 벼슬에 나갈 수 있는 특전이 주어졌어요. 당시 총 217명이 배출되었는데 재물에 욕심내지 않고 검소하게 일생을 보낸 맹사성, 황희, 이황, 이항복 등이 대표적인 인물이에요. 오늘날 대한민국 정부에서도 청백리 제도를 운영하고 있어요. 국가에 대한 충성과 청렴함, 정직함을 갖춘 공직자에게 상을 주고 있답니다.

이황과 콩밥

이황이 과거를 보러 한양으로 가는 길에 점심때가 되어 하인이 밥을 지어 왔어요. 분명 쌀밖에 없었는데 하인이 지어 온 밥은 콩밥이었지요. 이황이 콩이 어디에서 났느냐 묻자 하인은 길에 있던 콩을 따서 밥을 지었다고 했어요. 이황은 그 밥을 먹지 않고 하인에게 콩 주인을 찾아 값을 치르고 사죄를 드리라고 말했어요. 하인이 값을 치르고 사죄를 하고 온 후에야 이황은 그 콩밥을 먹었지요. 작은 일에도 정직했던 이황은 재물이나 벼슬에 뜻이 없었어요. 일생을 청렴결백한 청백리로 살았답니다.

"정직하게 콩 주인을 찾아 값을 치르고 오거라."

비슷한말

청빈낙도 淸貧樂道
청렴결백하고 가난하게 사는 것을 옳은 것으로 여기고 즐김.

반대말

가렴주구 苛斂誅求
세금을 가혹하게 거두어들이고, 무리하게 재물을 빼앗음.

생각해 보자!

우리 역사 속 인물 중 청렴결백한 인물로 또 누가 있을까요? 그들의 삶과 정신을 다시 되새겨 봅시다.

 이황이 있는 천 원권 지폐의 뒷면에는, 이황이 머물렀던 도산 서당의 풍경을 담은 겸재 정선의 〈계상정거 도〉가 있어요. 계상정거(溪上靜居)란 '모든 권좌에서 물러나 시냇물 흐르는 곳에 자리 잡고 고요하게 산다.'는 뜻이에요.

전화위복

轉禍爲福
구를 전 · 재앙 화 · 할 위 · 복 복

화가 바뀌어 오히려 복이 되다

불행이 행복으로 바뀌는 것이 가능한 일일까요? 전화위복은 감당하기 힘든 어려운 일이라도 해결하고자 하는 의지로 노력하면 불행을 행복으로 바꾸어 놓을 수 있다는 뜻이에요.

| 교과서 | 국어 2학년 1학기(가) 6단원 차례대로 말해요 – 기름 장수와 호랑이 |

화를 복으로 바꾸는 사람

옛 중국의 신하 중에 뛰어난 능력으로 손꼽히는 사람이 있지요. 바로 관중인데요. 그는 《사기》 열전 편에서 이렇게 평가받고 있어요. "번번이 화를 전환시켜 복으로 하고, 실패를 전환시켜 성공으로 이끌었다." 이는 정치를 함에 있어 매사에 최선을 다하고 포기하지 않음으로, 화를 복으로 바꾸어 놓은 그의 노력을 칭찬하는 말이에요. 그러나 오늘날에는 화를 복으로 바꾼 의지와 노력보다는 우연히 화가 복이 되는 경우를 가리키는 말로 많이 쓰인답니다.

호랑이 뱃속 구경

보따리장수가 산을 넘다 커다란 호랑이를 만났는데, 달아날 틈도 없이 호랑이의 먹이가 되고 말았어요. 산을 넘던 사기 장수도 호랑이의 밥이 되었지요. 두 사람은 호랑이 뱃속에서 만났는데, 너무 어두워 호랑이 배의 기름을 떼어 내 사기 접시에 올려 두고 심지를 만들어 불을 붙였어요. 호랑이는 배가 뜨거워지자 똥을 누려고 배에 힘을 주었지요. 그러자 똥구멍이 벌어지며 밖이 환해져 호랑이 꼬리가 보였어요. 두 사람은 손을 뻗어 호랑이 꼬리를 잡아 뱃속으로 잡아당겼어요. 그러자 호랑이 껍데기가 훌렁 벗겨지고 고기만 남게 되었지요. 두 사람은 호랑이 가죽과 고기를 팔아 부자가 되었답니다. 호랑이를 만나 죽을 뻔했는데 부자가 되었으니 전화위복이지요.

반대말

호사다마 好事多魔
좋은 일에는 흔히 방해되는 일이 많음. 또는 그런 일이 많이 생김.

생각해 보자!

여러분은 전화위복을 경험해 본 적 있나요? 혹시 어려운 일이 있다면 그 일이 좋은 일로 바뀔 수 있도록 노력해 봅시다.

 관중은 앞에서 소개한 사자성어 '관포지교'의 주인공이에요. 훌륭한 인품과 탁월한 능력으로 부국강병을 꾀한 존경받는 정치가이지요.

백미

白眉
흰 백 / 눈썹 미

흰 눈썹

그림을 잘 그리는 친구, 태권도를 잘하는 친구, 노래를 잘하는 친구 등 어떤 분야에 뛰어난 사람이 있지요. 여러 사람 가운데 뛰어난 사람이나, 예술 작품 중 가장 뛰어난 것을 가리켜 백미라고 해요.

교과서 국어 4학년 2학기(나) 6단원 본받고 싶은 인물을 찾아봐요 – 정약용

마 씨 오 형제

중국에 마 씨 성을 가진 다섯 형제가 살았는데 모두 똑똑하고 재주가 뛰어났어요. 특히 맏이인 마량은 지혜와 화술이 뛰어나기로 유명했지요. 어느 날 유비가 신하들과 의논을 하고 있는데 한 신하가 말했어요. "마을에 재능이 많은 오 형제가 있는데, 그중에서도 흰 눈썹을 가진 맏이 마량이 가장 뛰어나다고 합니다. 그를 불러 함께 의논하면 어떻겠습니까?" 유비는 바로 마량을 불렀고, 그의 지혜와 화술에 놀라며 함께 일할 것을 제안했어요. 이때부터 여러 사람 중에서 가장 뛰어난 사람을 백미라 부르게 되었고, 뛰어난 작품을 이야기할 때도 백미라고 불렀어요.

정약용과 그의 형제들

조선 시대 진주 목사를 지낸 정재원에게 다섯 명의 아들이 있었어요. 이들 역시 중국의 마 씨 형제들처럼 매우 뛰어났는데, 그중에서도 넷째 정약용이 백미였어요. 정약용은 4세에 이미 천자문을 익혔고, 7세에 한시를 지었으며, 10세 이전에 자작시를 모아 《삼미집》을 편찬했어요. 어릴 적에 천연두를 앓은 흔적이 눈썹에 남아 눈썹이 셋으로 나뉘어져 있어 '삼미'(三眉)라 불렸던 정약용의 별명을 따서 《삼미집》이라 했답니다. 정약용은 정조의 명으로 배다리와 거중기를 설계했고, 《경세유표》, 《목민심서》 등 500여 권의 저서를 남겼어요.

비슷한말

압권 壓卷
여러 책 또는 작품 가운데 제일 잘된 책이나 작품. 고대 중국의 관리 등용 시험에서 가장 뛰어난 답안지를 다른 답안지 위에 얹어 놓았다는 데서 유래한 말.

생각해 보자!

여러분이 가진 다양한 재능 중 백미는 무엇인가요?

 정조가 지은 수원화성은 본래 당시 기술로 약 10년이 걸리는 대공사였어요. 그런데 정약용이 무거운 돌을 쉽게 들어 올리는 거중기를 만들어 건축 기간을 2년 9개월로 줄였답니다.

문전성시

門前成市
문 文 / 앞 前 / 이룰 成 / 저자 市

문 앞에 시장이 선 것 같다

시장은 물건을 사고파는 사람들로 항상 붐비는 곳이지요. 문전성시는 찾아오는 사람이 너무 많아 마치 시장이 선 것처럼 문 앞이 사람으로 가득 찼다는 의미예요.

교과서 국어 4학년 2학기(나) 6단원 본받고 싶은 인물을 찾아봐요 – 김민덕

어리석은 황제

중국 전한 말기 황제 애제는 나라는 돌보지 않고 아첨하는 신하들에 둘러싸여 있었어요. 충직한 신하 정숭이 나라를 돌보시라 말했으나 소용없었어요. 정숭을 시기한 한 신하가 황제에게 정숭의 권력 때문에 그의 집에 드나드는 사람들이 많다고 거짓을 말했어요. 황제는 정숭에게 "경의 집이 매일 문전성시를 이룬다고?" 하고 물었어요. 정숭은 "신의 집 문 앞이 시장과 같더라도 신의 마음은 물과 같습니다."라며 결백을 말했지요. 그러나 황제는 정숭을 옥에 가둬 버렸어요. 문전성시는 권력이 있는 집이나 부잣집은 찾아오는 사람이 매우 많다는 뜻이랍니다.

며느릿감 시험

부잣집에서 쌀 한 말로 석 달을 버티는 처녀를 며느리로 삼겠다고 방을 붙였어요. 온 동네 처녀들이 모여들어 부잣집은 매일같이 문전성시를 이루었어요. 그러나 쌀 한 말로 석 달을 버티는 것은 불가능했어요. 아무리 아껴 먹어도 쌀은 금세 동이 나서 배고픔을 이기지 못하고 모두 포기해 버렸지요. 그때 한 처녀가 나서더니 쌀 한 말로 밥을 지어 먹고는 나머지 쌀로 떡을 하여 마을 사람들에게 돌렸어요. 그러고선 마을 사람들에게 삯바느질할 것을 달라고 했지요. 열심히 일해 석 달을 먹고도 남을 정도의 많은 쌀을 모은 처녀는 부잣집의 며느리가 되었답니다.

비슷한말

문정약시 門庭若市
대문 안 뜰이 시장 같다는 뜻으로, 집에 드나드는 사람이 많음을 이르는 말.

생각해 보자!

여러분이라면 쌀 한 말로 어떻게 석 달을 버텼을지 생각해 봅시다.

 부잣집에서 석 달을 버티라고 준 쌀 한 말의 양은 얼마나 될까요? 쌀 한 말은 약 8킬로그램 정도 된다고 해요. 조선 시대 쓰이던 '말'이라는 단위는 부피의 단위이고, 현재 쓰이는 단위 킬로그램은 무게의 단위랍니다.

안하무인

眼下無人
눈 안 · 아래 하 · 없을 무 · 사람 인

눈 아래 사람이 아무도 없다

눈 아래에 사람이 없다는 뜻으로, 어려워하거나 조심스러워하는 태도가 없이 건방지거나 교만하여 다른 사람을 업신여기는 것을 안하무인이라고 해요.

> 교과서 | 국어 2학년 1학기 6단원 차례대로 말해요 – 까만 아기 양

산미 증식 계획의 속셈

일본은 제1차 세계 대전 후 농민이 줄고 도시 노동자가 많아지면서 쌀이 부족해졌고, 그 해결을 위해 산미 증식 계획을 세웠어요. 조선의 쌀 생산량을 높여 쌀을 일본으로 가져가는 계획이었지요. 하지만 일본은 추가 생산된 양보다 더 많은 양을 빼앗아 갔고 조선은 식량 부족에 허덕이게 됐어요. 게다가 안하무인 일본은 쌀 생산량을 늘리기 위해 필요한 비용을 조선 농민들에게 떠넘겨 농민들은 빚까지 져야 했어요. 농민들은 열심히 농사를 지어도 먹을 쌀이 없었고 오히려 빚만 늘어 갔답니다.

냄새 맡은 값

한 농부가 길을 가는데 부잣집 담장 너머에서 생선 굽는 냄새가 솔솔 풍겨 왔어요. 농부는 맛있는 냄새에 코를 쿵쿵거렸지요. 그때 부잣집 영감이 나타나 소리쳤어요. "누가 공짜로 냄새를 맡는 게냐?" 버럭 소리를 지른 이 안하무인 영감은 농부에게 냄새 맡은 값으로 닷 냥을 내라고 했지요. 당황한 농부는 내일 주겠다고 했어요. 농부의 하소연을 들은 아들이 다음 날 닷 냥을 들고 영감을 찾아갔어요. 아들이 닷 냥을 보여 주자 영감은 돈을 가져가려 했지요. 그러자 농부의 아들이 말했어요. "아버지께서 생선 냄새만 맡으셨으니 영감님도 돈을 가져가지 말고 보기만 하십시오." 영감은 할 말이 없었답니다.

> 비슷한말

방약무인 傍若無人

곁에 아무도 없는 것처럼 여긴다는 뜻으로, 주위에 있는 다른 사람을 전혀 의식하지 않고 제멋대로 행동하는 것을 이르는 말.

> 생각해 보자!
>
> 여러분은 안하무인인 사람을 본 적이 있나요? 그런 사람을 보면 어떤 생각이 들던가요?

 닷 냥은 얼마일까요? '닷'은 수량을 나타내는 형용사로서 다섯과 같은 말이에요. 비슷한 예로 '서너 개'는 세 개 혹은 네 개를 말하고, '네댓 개'는 네 개 혹은 다섯 개를 말한답니다.

생면부지

生 面 不 知
날 생 | 얼굴 면 | 아닐 부 | 알 지

서로 한 번도 만나 본 일이 없다

'일면식도 없다'는 말을 들어 본 적 있나요? 태어나 한 번도 본 적 없는 전혀 모르는 사람을 말할 때 '일면식도 없다', 즉 생면부지라고 해요.

> **교과서** 국어 6학년 1학기(가) 2단원 이야기를 간추려요 – 저승에 있는 곳간

장기 기증의 의미

드라마를 보면 누군가 장기를 기증해 주는 장면을 종종 볼 수 있는데요. 뇌사 상태의 환자는 심장, 간, 신장 등 장기가 건강한 경우, 다른 환자를 위해 기증을 선택할 수 있어요. 지난 2019년 5월 불의의 사고로 뇌사에 빠진 한 남성이 자신의 심장과 간, 신장 두 개를 기증하고 세상을 떠났는데요. 생면부지인 타인을 살리고 떠난 그의 고귀한 희생으로 많은 이들이 새로운 삶을 얻을 수 있었답니다.

저승에 있는 곳간

전남 영암의 원님이 죽어 저승에 갔는데, 염라대왕이 잘못 왔다며 돌아가라고 했어요. 원님을 데려간 저승사자는 저승에는 이승에서 선을 행한 것이 쌓여 있는 곳간이 있으니 그곳을 열어 노잣돈을 내라고 했지요. 그런데 원님의 곳간은 짚 한 단밖에 없었어요. 저승사자는 덕진의 곳간이 가득 찼으니 그것으로 내고 이승에서 갚으라고 했지요. 원님은 생면부지인 덕진의 곳간에서 쌀 삼백 석을 꺼내 쓰고 이승에 돌아와 덕진을 찾았어요. 덕진에게 쌀 삼백 석을 갚으려고 하자, 그녀는 사양했지요. 원님은 쌀을 갚는 대신 주민들을 위해 강에 다리를 놓고 '덕진 다리'라고 불렀어요.

만난 적도 없지만 정말 고마운 분이야

비슷한말

초면 初面
처음으로 대하는 얼굴. 또는 처음 만나는 처지.

반대말

구면 舊面
예전부터 알고 있는 처지. 또는 그런 사람.

생각해 보자!

여러분은 생면부지의 사람을 도와준 경험이 있나요? 만약 그런 상황이 닥치면 어떻게 할래요?

 노잣돈이란 먼 길을 오가는 데 쓰는 돈을 말해요. 예로부터 사람이 죽으면 저승길에 편히 가라고 상여에 돈을 꽂아 주는 돈도 노잣돈이라고 하지요. 저승사자는 원님에게 이승과 저승을 오가는 데 든 돈을 내라고 한 것이랍니다.

야단법석

野 壇 法 席
들 야 · 단 단 · 법 법 · 자리 석

떠들썩하고 시끄러운 모습

많은 사람들이 모이면 떠들썩하고 시끄럽겠지요. 이와 같은 모습을 야단법석이라고 해요. 몹시 어수선하고 소란스러운 일을 뜻할 때도 쓰인답니다.

교과서 국어 2학년 2학기(가) 4단원 인물의 마음을 짐작해요 – 신발 신은 강아지

부처님의 설법

'야단'이란 '야외에 세운 단'을 말하고, '법석'은 '불법을 펴는 자리'라는 뜻이에요. 옛 불교에서 야외에 단을 마련하여 부처님의 말씀을 듣는 자리를 야단법석이라 했지요. 부처님의 말씀을 듣고자 하는 사람은 많은데 법당이 좁아 한꺼번에 들어갈 수 없어서, 야외에 단을 펴고 설법을 들었던 거예요. 부처님이 설법을 할 때 가장 많은 사람이 모인 날은 영취산에서 법화경을 설법한 날인데, 무려 3백만 명이나 모였다고 해요. 사람이 많이 모이다 보니 질서가 없고 시끌벅적하고 어수선하게 되겠지요. 이처럼 경황이 없고 시끌벅적한 상태를 가리켜 비유적으로 쓰이던 말이 오늘날 일상생활에서 흔히 쓰이게 되었답니다.

멍청한 호랑이와 표범

몹시 배가 고픈 호랑이와 표범이 동시에 토끼를 발견하고 서로 다투게 되었어요. 오랜만에 발견한 먹이라 둘 다 절대 양보할 생각이 없었지요. 호랑이와 표범은 서로 으르렁거리며 토끼를 차지하려 싸웠어요. 호랑이가 표범의 머리를 때리자 표범도 질세라 호랑이의 머리를 쳤어요. 둘은 결국 서로 물어뜯고 할퀴면서 야단법석이었지요. 그 북새통에 토끼는 몰래 달아나 버렸답니다.

비슷한말

북새 (우리말)

뭇 사람이 법석대는 상태. 여러 사람이 들끓어 북적북적한 상태를 나타낸 말. 북새통이라고도 함.

생각해 보자!

여러분은 야단법석인 상황을 맞닥뜨린 적 있나요? 무슨 일로 야단법석이었는지 생각해 봅시다.

 부처님의 말씀을 듣기 위해 모인 사람이 300만 명이었다는데, 얼마나 많은 사람이 모인 걸까요? 2019년 7월 기준 인천광역시 인구가 295만 6,828명, 부산광역시 인구는 342만 5,317명이라고 하네요.

결초보은

結草報恩
맺을 결 · 풀 초 · 갚을 보 · 은혜 은

풀을 묶어 은혜를 갚다

죽어서도 은혜를 잊지 않고 갚는다는 말입니다. 그만큼 은혜를 갚는 것이 중요하고도 의미 있는 일이라는 뜻인데요. 예부터 전해 오는 동화 중에는 이렇게 은혜를 갚는 이야기가 많습니다.

| 교과서 | 국어 1학년 1학기(나) 8단원 소리 내어 또박또박 읽어요 – 흥부 놀부 |

죽어서도 은혜를 갚다

진나라 군주 위무자는 아들에게 자신이 죽으면 새엄마를 순장하지 말고 재혼시키라고 했어요. 당시엔 남편이 죽으면 아내를 함께 묻는 풍습이 있었거든요. 그러나 위무자는 늙고 병들자 새엄마를 함께 묻으라고 유언을 남겼어요. 아들은 아버지가 정신이 맑을 때 남긴 말씀을 따르기로 하고 새엄마를 재혼시켰어요. 그 후 아들은 전쟁터에서 적장에게 쫓기고 있었어요. 그런데 갑자기 풀이 묶여 올가미가 만들어졌고, 적장의 말이 올가미에 걸려 넘어졌지요. 그날 밤 한 노인이 아들의 꿈에 나타났어요. "나는 네 새엄마의 아버지다. 내가 너의 은혜에 보답했다."

은혜 갚은 두꺼비

어려운 형편에 부모님을 모시고 사는 착한 처녀가 있었어요. 처녀는 굶주린 두꺼비를 보고 밥을 나누어 주었지요. 두꺼비는 매일 처녀를 찾아왔어요. 어느 날 이웃마을 부잣집에 시집간 처녀들이 하루를 못 넘기고 죽어 시집올 처녀를 구한다는 방이 붙었어요. 처녀는 그 집으로 시집가기로 했어요. 쌀과 돈을 받을 수 있기 때문이에요. 결혼식 날 밤, 커다란 지네가 나타나 처녀에게 독을 뿜어 댔어요. 그때 두꺼비가 지네와 싸워 처녀를 구하고 죽었답니다.

비슷한말

백골난망 白骨難忘
죽어 뼈가 하얗게 될 때까지 그 은혜를 잊을 수 없다.

반대말

배은망덕 背恩忘德
베풀어 준 은혜에 보답하기는커녕 은혜를 원수로 갚는다.

생각해 보자!

여러분은 누군가에게 고마웠던 일이 있나요? 고마웠던 일을 떠올리며, 그 고마움을 어떻게 보답할지 생각해 봅시다.

 옛날에는 신분이 높은 사람이 죽으면, 그가 거느리고 있던 노비나 신하 그리고 아내를 무덤에 같이 묻는 순장이라는 풍습이 있었어요.

자승자박

自繩自縛
스스로 자 줄 승 스스로 자 묶을 박

자신이 만든 줄로 제 몸을 스스로 묶다

자기가 스스로 자기 무덤을 판다는 말이 있지요. 그 말처럼 자신이 한 말과 행동으로 인해 결국 자신이 어려움을 겪는 것을 자승자박이라고 해요.

| 교과서 | 국어 활동 4학년 1학기 5단원 내가 만든 이야기 – 신기한 그림 족자 |

스스로 묶다

원섭이라는 사람의 노비가 백정과 말다툼을 하다가 그만 백정을 죽이고 말았어요. 그러자 그곳의 지방 관리가 노비의 주인 원섭을 죽이려고 했지요. 사람들이 그를 말리며 말했어요. "원섭의 종이 법을 어긴 것은 덕이 부족해서입니다. 그에게 웃옷을 벗고 스스로 옭아매어 화살로 귀를 뚫고 법정에 나가서 사죄하게 하면 당신의 위엄도 유지될 것입니다." 스스로 손을 묶고 사죄하라는 말에서 자승자박이란 말이 생겼어요. 궁지에 몰렸을 때 항복의 표시로 자신의 몸을 묶고 살려 달라고 청하는 말이지요.

송아지와 바꾼 무

한 농부가 엄청나게 큰 무를 수확했는데 고을을 잘 이끄는 원님이 생각나 선물로 드렸어요. 원님은 귀한 것을 받았다며 호방에게 보답할 게 있는지 묻자 호방이 송아지를 내주었지요. 무를 주고 송아지를 받았다는 소문을 들은 이웃 욕심쟁이 농부는 '무를 드렸는데 송아지라니, 송아지를 드리면 더 큰 걸 얻겠다.'는 생각에 송아지를 끌고 원님에게 갔어요. 원님은 고맙다며 호방에게 보답할 게 있는지 물었어요. 호방은 마침 귀한 무가 있다며 내주었어요. 송아지와 무를 바꾼 어리석은 농부, 자승자박이지요.

"송아지를 주고 무를 받다니."

비슷한말

작법자폐 作法自斃
자기가 만든 법에 자신이 해를 입는다.

비슷한 속담

제 무덤 제가 판다
스스로 자신을 망치는 어리석은 짓을 한다.

생각해 보자!

여러분은 스스로 한 행동이 여러분을 궁지로 몰아넣은 경험이 있나요?

 조선 시대 지방 관리를 수령, 원님 혹은 사또라고 해요. 오늘날의 군수, 시장과 같은 직위지요. 다만 수령은 왕이 임명하고 사법권, 군사권, 행정권을 행사했지만, 시장과 군수는 국민의 선거로 선출되고 행정권만 있답니다.

파죽지세

破竹之勢
깨트릴 파 / 대 죽 / 갈 지 / 기세 세

대나무를 쪼갤 때의 맹렬한 기세

파죽지세는 엄청 힘이 강하고 세서 감히 대적할 상대가 없음을 비유하는 말로, 일이 거침없이 잘 풀리는 것을 뜻하는 말이에요.

| 교과서 | 사회 5학년 2학기 1단원 옛사람들의 삶과 문화 – 나라의 등장과 발전 |

하늘을 찌를 듯한 사기

진나라의 장군 두예가 20만 대군을 거느리고 오나라와 맞서 싸우기 위해 출정했을 때 이야기예요. 장수들과 함께 작전 회의를 하는데 한 장수가 곧 강물이 범람할 시기이며 전염병이 언제 발생할지 모르니 일단 후퇴하자고 제안했어요. 이에 두예는 강하게 말했어요. "지금 우리 군사들의 사기는 하늘을 찌를 듯하다. 그것은 마치 대나무를 쪼갤 때의 맹렬한 기세와 같다. 대나무란 일단 쪼개지기만 하면 그다음부터는 칼날을 대기만 해도 저절로 쪼개지는 법인데, 어찌 이런 절호의 기회를 놓칠 수 있단 말인가." 결국 두예의 주장대로 오나라의 도읍으로 진격한 진나라는 그야말로 파죽지세로 몰아쳐 단숨에 오나라를 함락시키고 삼국을 통일했답니다.

을지문덕의 살수대첩

612년에 중국 수나라가 병력 113만 명을 이끌고 고구려를 침공했어요. 이 어마어마한 군대와 맞서 싸운 장군은 고구려의 을지문덕이었어요. 병력의 수만 보면 감히 넘볼 수 없는 대결이었지만 을지문덕은 이에 굴하지 않았어요. 그는 다양한 전략과 전술로 수나라 군대를 지치게 하고 마침내 살수(청천강)로 유인했지요. 을지문덕이 이끄는 고구려군은 지쳐 퇴각 중이던 수나라군을 향해 파죽지세로 달려들어 대승을 거두었답니다.

비슷한말

세여파죽 勢如破竹
기세가 대나무를 쪼개는 것과 같다는 뜻으로, 기세가 매우 대단하여 감히 대항할 만한 적이 없음.

생각해 보자!

여러분이 알고 있는 역사 속 전쟁에서 파죽지세로 싸워 이긴 전쟁으로 어떤 것이 있을까요?

 수나라는 살수대첩 이후 몇 차례 을지문덕에게 복수하려고 고구려를 침공했지만, 번번이 실패했어요. 도리어 잦은 전쟁으로 백성들의 불만이 커지고 반란이 일어나 결국 수나라는 멸망하고 말았답니다.

과유불급

過猶不及
지나칠 과 | 오히려 유 | 아닐 불 | 미칠 급

지나친 것은 미치지 못한 것과 같다

비가 너무 많이 오면 홍수가 나고, 비가 너무 적게 오면 가뭄이 들지요. 지나친 것은 오히려 모자란 것이나 마찬가지로 좋지 않다는 뜻이에요.

| 교과서 | 국어 6학년 1학기(나) 8단원 인물의 삶을 찾아서 – 버들이를 사랑한 죄 |

공자가 중요하게 생각하는 가치

공자에게 제자 자공이 물었어요. "스승님, 자장과 자하 중 누가 더 낫습니까?" 그러자 공자가 대답했어요. "자장은 지나치고 자하는 미치지 못한다." 자공이 다시 물었어요. "자장이 낫다는 말씀이신지요?" 공자가 답했어요. "지나친 것은 미치지 못한 것과 같다."

지나치지도 않고 부족하지도 않은 적절한 상태를 가리켜 중용(中庸)이라고 하는데, 공자는 중용을 매우 소중한 가치로 여겼습니다.

젊어지는 샘물

옛날에 금슬 좋은 노부부가 살았어요. 할아버지가 산에서 나무를 하다 우연히 깊은 산속에 들어갔는데 그곳에서 샘을 발견했어요. 마침 목이 말랐던 할아버지는 물을 세 모금 마셨어요. 그런데 이게 웬일일까요? 샘에 비친 모습을 보니 할아버지 얼굴이 총각 시절로 돌아가 있었어요. 할아버지는 할머니도 가서 물을 마시게 했어요. 할머니도 새댁의 모습으로 바뀌었어요. 두 사람은 신혼 시절로 돌아간 듯 행복했지요. 옆집의 욕심쟁이 노인이 그 말을 듣고 산속 샘을 찾아갔어요. 노인은 젊어지고 싶은 마음에 물을 마시고, 마시고, 또 마셨어요. 과유불급이라더니 노인은 젊어지고, 어려지고, 급기야 아기가 되었답니다.

비슷한말

교불약졸 巧不若拙
기교는 서툰 것만 못하며, 약삭빠른 것보다는 오히려 우직한 것이 더 귀중하다.

생각해 보자!

책이나 장난감 등의 여러분의 물건 중에 필요하지 않은데 과하게 많이 가지고 있는 것은 무엇일까요? 불필요하게 많은 것들을 정리하는 연습을 해 봅시다.

 계영배(戒盈杯)라는 술잔이 있어요. 보기에는 평범한 잔이지만 이 잔은 술이 70퍼센트가 넘으면 구멍으로 빠져나가는 신기한 잔이에요. '넘침을 경계하는 잔'으로 지나친 것은 모자란 것과 같다는 과유불급의 정신이 담겨 있어요.

경거망동

輕擧妄動
가벼울 경 / 들 거 / 망령될 망 / 움직일 동

가벼운 거동과 망령된 행동을 하다

깊이 생각해 보지 않고 경솔하게 행동하는 것을 뜻하는 말이에요. 경거망동한 행동은 크고 작은 위험을 가져올 수 있어요.

| 교과서 | 국어 6학년 1학기(가) 5단원 속담을 활용해요 – 까마귀 고기를 먹었나 |

경거망동의 결과

촉나라의 제갈량은 위나라 정벌에 나서면서 중요한 전투를 앞두고, 어떤 장수에게 맡길지 고민했어요. 그때 장군 마속이 자원했어요. 제갈량이 걱정하자 마속은 자신만만하게 자신이 패하면 목숨을 내놓겠다며 큰소리를 쳤어요. 제갈량은 마속에게 "절대 경거망동하지 말라."라며 구체적인 작전을 짜 주었어요. 그러나 현지에 도착한 마속은 제갈량의 작전은 현실성이 부족하다며 자신의 생각대로 작전을 펼치다 대패하고 말았어요. 마속의 경거망동한 행동이 결국 촉나라에 위기를 가져왔지요.

까마귀 고기를 먹었나

염라대왕이 까마귀에게 인간 세상에 있는 강 도령에게 편지를 전하라고 했어요. 까마귀는 편지를 입에 물고 인간 세상으로 내려왔는데, 어디선가 말고기 냄새가 났어요. 까마귀가 고기를 먹으려고 입을 벌리자, 물고 있던 편지가 날아갔지요. 정신없이 먹고 나니 그제야 심부름이 생각났어요. 까마귀는 강 도령을 찾아가 염라대왕이 "아무나 끌어 올리라."라고 하셨다고 아무렇게나 말했어요. 저승사자 강 도령은 아무나 저승으로 보내기 시작했어요. 까마귀의 경거망동한 행동으로 인간의 운명이 뒤죽박죽되어 버렸어요.

비슷한말

은인자중 隱忍自重
자신을 드러내지 않고 참으며 신중하게 행동하다.

생각해 보자!

여러분은 부모님으로부터 "경거망동하지 마."라는 말을 들어 본 적 있나요? 어떤 행동을 했을 때 그런 말씀을 하셨는지 생각해 봅시다.

 마속의 경거망동 결과로 제갈량은 군법에 따라 마속을 처형해야 했어요. 제갈량이 눈물을 머금고(읍) 마속을 베었다(참)고 해서 생긴 말이 '읍참마속'이에요. 현재는 공정한 법 적용을 위해 사적인 정을 포기한다는 뜻으로 쓰여요.

목불식정

目 不 識 丁
눈 목 아닐 불 알 식 고무래 정

고무래를 보고도 정자를 알지 못한다

고무래라는 농기구의 모양이 한자 정(丁)과 똑같이 생겼는데도 그 한자를 모른다는 뜻으로, 글자를 모르는 무식한 사람을 가리키는 말이에요

| 교과서 | 국어 4학년 1학기(나) 9단원 자랑스러운 한글 |

그야말로 목불식정

당나라 때 지방 관직에 오른 장홍정이라는 사람이 있었어요. 장홍정은 배운 것도 적고 무능했지만, 집안이 대대로 나라에 공을 세운 덕에 벼슬에 오른 인물이었지요. 부유한 집에서 버릇없이 자라 성품이 오만방자했는데 권력을 잡자 더욱 제멋대로였어요. 주위 사람들이 이를 지적하면 반성은커녕 오히려 화를 내면서 "네놈들은 글자도 모르는 목불식정만도 못해!"라며 업신여겼지요. 참다못한 부하 관리들이 반란을 일으켜 그를 잡아 가두자, 이 소식을 들은 황제가 그의 직책을 박탈하고 이렇게 말했어요. "그야말로 목불식정이로구만." 목불식정은 실제로 배움이 없다는 뜻도 있지만, 장홍정처럼 배웠으면서도 무지한 행동을 하는 사람을 가리키는 말이기도 해요.

백성을 사랑한 왕

세종 대왕이 꿈꾸던 조선은 억울한 사람이 없는 평화로운 세상이었어요. 그런데 조선의 백성들은 말과 사용하는 글자(한자)가 달라 억울한 일이 있어도 글로 쓸 수가 없었어요. 한자는 배우기가 너무 어려워 읽고 쓸 줄 모르는 백성들이 많았거든요. 대부분의 백성들이 그야말로 목불식정이었어요. 이를 안타깝게 생각한 세종 대왕이 우리말과 뜻이 통하는 문자, 훈민정음(한글)을 만들었어요. 훈민정음은 '백성을 가르치는 올바른 소리'란 뜻이랍니다.

비슷한말

일자무식 一字無識
한 자도 아는 것이 없음.

비슷한 속담

낫 놓고 기역 자도 모른다
낫의 모양이 'ㄱ' 자인데도 그 글자를 모르는 무식한 사람이라는 뜻.

생각해 보자!

여러분 주변에 있는 물건 중 우리의 한글과 같은 모양을 가진 것으로 무엇이 있을까요?

 고무래는 논밭의 흙을 고를 때, 씨 뿌리고 흙 덮을 때, 곡식을 모으고 펼 때 쓰는 기구로 모양이 딱 고무래 정(丁) 자이지요. 낫은 풀과 곡식을 벨 때, 나뭇가지를 칠 때 쓰는 기구인데 모양이 딱 한글의 'ㄱ'자예요.

사면초가

四面楚歌
넉 **사** 얼굴 **면** 초나라 **초** 노래 **가**

사방에 초나라 노래가 가득하다

동서남북 사방을 모두 적이 둘러싸고 있다면 어떨까요? 사면초가는 아무에게도 도움을 받지 못하는, 외롭고 곤란한 상황을 이르는 말인데요. 큰 곤경에 빠졌을 때 '사면초가에 놓여 있다.'고 말해요.

교과서 사회 3학년 2학기 1단원 환경에 따라 다른 삶의 모습 - 로빈슨 크루소

초나라의 노랫소리

초나라 항우와 한나라 유방은 우열을 가릴 수 없는 강적이었어요. 서로 최고가 되기 위해 싸우던 어느 날 항우가 유방에게 져서 한나라에 완전히 포위되고 말았어요. 그러나 초나라는 만만한 상대가 아니었지요. 포위된 채 버티는 초나라를 대적하던 한나라의 지략가 장량이 한 가지 제안을 했어요. 오랜 전쟁에 지친 초나라 군사들에게 구슬픈 초나라 노래를 들려주자고 말이에요. 그날부터 밤마다 초나라 노랫소리가 사방에서 들려왔고 군사들은 고향 노래를 듣고 가족 생각에 눈물을 흘리며 전쟁에 대한 의욕을 잃어버렸어요. 항우는 "저 구슬픈 노랫소리가 백만 대군보다 더 무섭구나."라며 패배를 인정했어요.

비슷한말

고립무원 孤立無援
아무런 도움도 받지 못한 채 홀로 외로이 서 있음.

비슷한 속담

독 안에 든 쥐
아무리 애를 써도 궁지에서 벗어날 수 없는 처지에 놓였다는 말.

생각해 보자!

여러분은 사면초가에 놓여 본 적이 있나요? 어떤 일이 있었는지 생각해 봅시다.

황산벌 전투

삼국시대 때 신라는 당나라와 연합해 백제를 공격했어요. 신라의 김유신이 이끄는 5만여 명의 병력이 공격하자 백제의 의자왕은 계백 장군에게 5천 명의 군사로 황산벌에서 신라군을 막으라고 했지요. 처음엔 계백과 군사들의 목숨 건 사투로 백제가 이겼지만 결국에는 군사의 수가 열 배나 많았던 신라의 승리로 막을 내렸어요. 백제는 나당 연합군에게 둘러싸인 사면초가의 상황에 놓였고 결국 멸망하고 말았답니다.

 '장군' 하면 '멍군' 하며 피하는 '장기'의 알에 붉은색의 장은 '한', 푸른색의 장은 '초'라고 쓰여 있지요. 이 한과 초가 바로 중국의 한나라, 초나라를 뜻해요. 그 장은 한나라 유방, 초나라 항우를 상징하는 것이랍니다.

유명무실

有名無實
있을 유 · 이름 명 · 없을 무 · 열매 실

이름만 있고 실속이 없다

여러분은 이름난 유명 관광지를 찾아갔다가 별로 볼 것이 없어서 실망한 경험이 있나요? 이처럼 알려진 것이 실제와 다르거나, 겉모습은 그럴듯한데 실제로는 좋지 않을 때 유명무실이라고 해요.

| 교과서 | 사회 4학년 2학기 2단원 필요한 것의 생산과 교환 – 현명한 선택이 필요한 까닭을 알아봅시다 |

유명무실해진 병사 훈련

"훈련하는 법이 갖추어지지 않았으므로, 훈련 또한 유명무실하여 형식적인 것이 되고 말았다."

정약용 《목민심서》의 일부분입니다. 정약용은 나라를 잘 다스리려면 군사를 잘 양육해야 한다고 생각했어요. 당시 군사는 천인들로 머릿수만 채워 놓은 데다 어린아이와 노인을 섞어 부대를 만든 형편없는 조직이었지요. 무기와 복장도 갖춰져 있지 않았고 말도 관리가 안 되어 싸울 준비가 전혀 되어 있지 않은 상태였어요. 정약용은 병사 훈련이란 이름만 있는 유명무실한 것이라고 한탄했답니다.

실속 없는 여우

뽐내기 좋아하는 여우가 고양이에게 말했어요. "나는 천적에게서 도망칠 수 있는 방법을 백 가지나 알고 있지. 넌 어떤 재주가 있니?" 고양이는 시무룩해졌어요. "나는 나무 위로 도망치는 재주밖에." 여우는 한심하다고 놀렸어요. 그때 커다란 곰이 나타났어요. 고양이는 재빨리 나무로 올라갔지만 여우는 백 가지나 되는 재주를 생각하느라 미처 피하지 못하고 그저 도망칠 뿐이었어요. 고양이는 여우에게 소리쳤어요. "백 가지 재주보다 한 가지 재주가 더 낫네!" '꾀 많은 여우'라는 이름이 참 유명무실하지요.

비슷한 속담

소문난 잔치에 먹을 것 없다
떠들썩한 소문이나 큰 기대에 비하여 실속이 없거나, 소문이 실제와 일치하지 않는 경우를 이르는 말.

빛 좋은 개살구
겉보기에는 먹음직스러운 빛깔을 띠고 있지만 맛은 없는 개살구라는 뜻으로, 겉만 그럴듯하고 실속이 없는 경우를 비유적으로 이르는 말.

생각해 보자!

여러분은 학교에서 혹은 실생활에서 유명무실을 느낀 적 있나요? 그런 경우 여러분은 어떻게 행동했나요?

 《목민심서》는 정약용이 조선의 사회와 정치의 실상을 기록한 책이에요. 백성들의 생활상을 생생하고 구체적으로 그려 내고 있는 이 책은 조선 후기의 경제, 사회, 문화를 연구할 수 있는 소중한 자료로 인정받고 있어요.

권선징악

勸 善 懲 惡
권할 권 착할 선 징계할 징 악할 악

선을 권하고 악을 벌하다

권선징악은 우리나라에 전해 오는 동화의 주요 주제로 착한 사람은 복을 받고, 악한 사람은 벌을 받는 이야기예요. 《흥부전》, 《콩쥐팥쥐》, 《춘향전》 등이 권선징악을 주제로 한 소설이지요.

교과서 국어 1학년 1학기(나) 8단원 소리 내어 또박또박 읽어요 - 흥부 놀부

공자의 말 한 마디

공자의 《춘추》를 해석한 《춘추좌씨전》 일부예요.

"《춘추》의 기록은 문장은 간략해 보이지만 뜻이 다 담겨 있고, 사실을 서술하였지만 뜻이 깊고, 완곡하지만 도리를 갖추었고, 사실을 다 기록하되 왜곡하지 않고, 악을 징계하고 선을 권장한 것이니."

권선징악은 이 글에서 유래한 것으로, 악행은 벌하여 바로잡고 선행은 권해야 한다는 뜻이에요.

흥부 놀부

착한 흥부에게 형이 있었는데, 형 놀부는 욕심이 많아 부모님이 주신 재산을 독차지하고 흥부네 식구들을 쫓아 버렸어요. 가난한 흥부가 다리가 부러진 제비를 보고 정성껏 치료해 주었는데, 그 후 제비가 흥부네 집으로 돌아와 박씨 하나를 떨어뜨렸지요. 그 박씨는 잘 자라서 커다란 박이 되었어요. 흥부가 박을 열어 보니 금은보화가 가득했지요. 놀부에게 그 이야기를 해 주자 놀부도 제비 다리를 부러뜨렸다가 다시 치료해 주었어요. 이 제비도 놀부네 집을 찾아와 박씨를 떨어뜨렸죠. 놀부네도 커다란 박이 열렸어요. 금은보화를 기대하며 박을 탔지만 똥만 가득했지요. 이렇게 착한 사람이 복을 받고, 나쁜 사람이 벌을 받는 이야기를 권선징악 소설이라고 해요.

세상에! 제비를 도왔을 뿐인데 이게 웬 금은보화냐.

으악! 제비 다리를 일부러 부러뜨렸더니 이게 무슨 일이야!

비슷한말

창선징악 彰善懲惡
착한 일은 모두에게 드러내어 찬양하고 악한 일은 징벌함.

생각해 보자!

여러분이 재미있게 본 동화 중 권선징악의 교훈이 담긴 것으로 또 무엇이 있을까요?

 지붕 위에 둥근 박이 주렁주렁 열려 있는 모습을 본 적 있을 거예요. 예로부터 박이 익으면 어린 박은 나물이나 김치를 해 먹고, 늙은 박은 반으로 갈라 속은 죽을 끓여 먹고, 껍질은 말려서 바가지를 만들었어요.

노익장

老益壯
늙을 노 · 더할 익 · 성할 장

나이 먹을수록 더욱 왕성하다

대개 노인이 되면 힘이 약해지지요. 하지만 청년 못지않게 힘이 넘치는 노인들도 있어요. 노익장은 나이를 먹을수록 기력이 좋아진다는 뜻으로, 기력이 왕성한 노인을 가리키는 말이에요.

교과서 국어 6학년 1학기(나) 8단원 인물의 삶을 찾아서 – 책이 주는 선물을 받고 싶은 어린이들에게

마원의 노익장

죄수를 관리하는 감찰관이었던 마원은 한 죄수의 딱한 사연을 듣고 풀어 주었어요. 그리고 책임을 다하지 못한 자신도 북방으로 달아났지요. 그러나 그는 "대장부는 뜻을 품었으면 어려울수록 강해져야 하며 늙어 갈수록 건장해야 한다."며 자신을 꾸준히 단련했어요. 그 결과 후한의 장군이 된 마원은 반란이 일어나자 출정하겠다고 나섰어요. 황제 광무제가 그의 나이 때문에 걱정하자 마원은 "제 나이 예순두 살이나 갑옷을 입고 말도 탈 수 있는데 어찌 늙었다고 할 수 있습니까?"라며 말에 올랐어요. 광무제는 출정을 허락했고 마원은 반란을 평정하고 공을 세웠답니다.

모지스 할머니

1860년 미국에서 태어난 모지스 할머니는 12세 때부터 가정부로 일하고 결혼 후엔 평생 농장에서 일했어요. 소일 삼아 자수를 놓던 할머니는 76세에 관절염 때문에 자수를 그만두고 그림을 그리기 시작했지요. 할머니가 태어나 처음 그린 그림들에 사람들은 감동을 받았어요. 할머니는 88세에 '올해의 젊은 여성'으로 선정되고, 93세에 〈타임〉 표지에 실렸어요. 100번째 생일은 '모지스 할머니의 날'로 지정될 정도로 사랑을 받았어요. 할머니는 101세에 세상을 떠나기 직전까지 노익장을 과시하며 왕성하게 활동해 총 1,600여 점의 작품을 남겼답니다.

같은 말

노당익장 老當益壯
나이를 먹을수록 기력이 더욱 좋아짐.

생각해 보자!

TV를 통해서 또는 주변에서 우리는 많은 나이에도 불구하고 인류와 사회를 위해 훌륭한 일을 하는 사람들을 볼 수 있어요. 어떤 분들이 있는지 떠올려 볼까요?

 모지스 할머니는 "열정이 있는 한 늙지 않는다. 진정으로 무언가를 추구하는 사람에겐 바로 지금이 인생에서 가장 젊은 때다. 무언가를 시작하기에 딱 좋은 때다."라고 말했어요.

일언지하

一言之下
한 일 / 말씀 언 / 갈 지 / 아래 하

한 마디로 딱 잘라서 말하다

어떤 제안을 했을 때 상대방이 한 마디로 딱 잘라서 답을 하는 경우에 쓰는 말이에요. 대개 거절할 때 이 표현을 많이 쓰지요.

교과서 국어 5학년 1학기(나) 6단원 토의하여 해결해요

두말할 나위 없는 제안

제나라에 공손 무지라는 신하가 있었어요. 그는 왕 양공을 죽이고 자신이 왕위를 차지했지요. 왕이 된 그는 함께 나라를 이끌 현명한 신하가 필요했어요. 그러던 중 관중이라는 사람이 현명하다는 말을 듣고 관중에게 사람을 보냈어요. 자기와 함께 제나라를 다스리자고요. 그 제안에 관중은 "임금을 죽인 공손 무지는 한 달도 그 자리에 있지 못할 것이다. 그와 함께 죽기 위해 갈 수는 없다."라며 일언지하에 거절했지요. 그 후 관중의 예상대로 공손 무지는 양공의 충신들에 의해 죽임을 당했답니다.

솥 안의 돈

늦은 밤, 도둑이 한 양반의 집에 들었는데 가져갈 것이 아무것도 없었어요. 부엌에도 가 보았지만 찬장도, 솥도, 쌀독도 모두 텅 비어 있었지요. 아무것도 없는 집을 본 도둑은 돈 몇 냥을 솥에 두고 나왔어요. 이 집은 강직하고 검소하기로 소문난 홍 참봉의 집이었어요. 다음 날 솥 안의 돈을 본 아내는 기뻐하며 쌀을 사러 가자고 했지요. 그러나 홍 참봉은 그 돈은 우리 것이 아니라며 일언지하에 거절했어요. 그리고 잃어버린 돈을 찾아가라는 글을 돌담에 붙였지요. 글을 본 도둑이 찾아오자 홍 참봉은 돈을 돌려주었어요. 도둑은 그의 강직함에 감동하여 도둑질을 그만두고 성실하고 정직하게 살았답니다.

비슷한 속담

군말이 많으면 쓸 말이 적다

하지 않아도 될 말을 이것저것 많이 늘어놓으면 그만큼 쓸 말은 적어진다는 뜻으로, 말을 삼가라는 것임.

생각해 보자!

누군가에게 제안을 했다가 일언지하에 거절당한 일이 있나요? 그때 기분이 어땠는지, 그 사람은 왜 그렇게 행동했는지 생각해 봅시다.

 소설가 박완서의 《도시의 흉년》에서는 이렇게 쓰였어요. "산모는 마지막으로 남편과 의논할 수 있길 바랐으나 그건 마나님이 영감님과 의논할 필요도 없이 일언지하에 거절했다."

적반하장

賊反荷杖
도둑 **적** · 되돌릴 **반** · 연 **하** · 지팡이 **장**

도둑이 되레 매를 든다

잘못한 사람이 오히려 큰소리를 치면서 잘한 사람을 나무라는 황당한 경우가 있지요. 적반하장은 그런 경우에 주로 쓰는 말이에요.

| 교과서 | 사회 6학년 1학기 1단원 사회의 새로운 변화와 오늘날의 우리 – 일제의 침략과 광복을 위한 노력 |

적반하장도 유분수

홍만종의 《순오지》에는 적반하장에 대해 "도리를 어긴 사람이 오히려 성내면서 업신여기는 것을 비유한 말"이라 풀이하고 있어요. 이처럼 잘못한 사람이 잘못을 빌거나 미안해하기는커녕 오히려 성을 내면서 잘한 사람을 나무라는 어처구니없는 경우에 쓰는 말이에요. 흔히 "적반하장도 유분수지 누구한테 큰소리야?"라고 표현한답니다.

늑대와 두루미

늑대가 물고기를 먹다 그만 목에 큰 가시가 걸리고 말았어요. 늑대는 괴로워하며 누군가 나타나길 기다리고 있는데 마침 두루미가 보였지요. "두루미님, 제 목에 생선 가시가 걸렸는데 그 긴 부리로 가시를 빼 주시면 은혜에 꼭 보답할게요." 두루미는 긴 부리를 늑대의 목 속에 넣어 깊이 박힌 가시를 빼냈어요. 가시가 빠지자 늑대가 기침을 캑캑하더니 말없이 돌아서서 가려고 했어요. 두루미가 말했어요. "은혜를 잊지 않고 보답한다더니 보답은 못할망정 고맙다는 인사는 한마디 해야 하는 거 아니오?" 그러자 늑대가 화를 내며 적반하장으로 큰소리를 쳤지요. "무슨 소리야? 내가 지금 막 내 입안에 들어온 너를 고스란히 살려 준 것을 모른단 말이야?"

비슷한말

주객전도 主客顚倒
주인과 손님이 서로 바뀌어 손님이 도리어 주인 행세를 한다는 뜻.

비슷한 속담

방귀 뀐 놈이 성낸다
제가 잘못하고서 도리어 성을 낸다는 뜻.

물에 빠진 놈 건져 놓으니까 내 봇짐 내라 한다
남의 은혜를 갚기는커녕 도리어 배신한다는 뜻.

생각해 보자!

여러분도 적반하장의 경우를 당한 경험이 있나요?

 '적반하장'에는 '유분수'라는 말을 같이 쓰는 경우가 많아요. 유분수(有分數)는 '마땅히 지켜야 할 분수가 있다.'는 뜻이에요. '잘못한 사람이 도리어 잘한 사람을 나무라는 것도 정도가 있지!'라는 의미랍니다.

모순

矛 盾
창 모 방패 순

말이나 행동의 앞뒤가 서로 맞지 않다

벽에 '낙서 금지'라고 쓰여 있다면 이 '낙서 금지'는 낙서가 아닌가요? 경찰이 "꼼짝 말고 손 들어!"라고 하면 손을 어떻게 들라는 것일까요? 말이나 행동의 앞뒤가 서로 맞지 않는 것을 모순이라고 해요.

교과서 국어 5학년 2학기(가) 3단원 의견을 조정하며 토의해요 – 고양이 목에 방울 달기

창과 방패

전국 시대 초나라에서 창과 방패를 파는 상인이 있었어요. 그는 창을 팔면서 "이 창은 예리해서 어떤 방패라도 꿰뚫을 수가 있다."라고 하고, 방패를 팔면서 "이 방패의 견고함은 어떤 창이나 칼로도 꿰뚫지 못한다."라고 말했어요. 그러자 어떤 사람이 "자네의 창으로 자네의 방패를 찌르면 어떻게 되는가?" 하고 물었더니 상인은 아무 말도 하지 못했어요.

고양이 목에 방울 달기

쥐들이 모여 사는 곳에 매일같이 고양이가 나타나 쥐를 잡아가자 쥐들이 대책 회의를 열었어요. 좋은 방법이 없는지 논의하던 중 한 쥐가 잘난 척하며 말했어요. 고양이 목에 방울을 달아서 방울 소리가 들리면 피하자고요. 그러자 다른 쥐들이 참 좋은 생각이라며 동의했어요. 그때 이야기를 듣고 있던 늙은 쥐가 말했어요. "좋은 생각이군. 그런데 누가 고양이 목에 방울을 달지? 자네가 할 텐가?" 잘난 체하던 쥐는 얼굴이 빨개져서 말했어요. "전 못해요. 방울 달다가 고양이에게 잡아먹히면 어떡해요." 그 말에 늙은 쥐는 아무리 좋은 생각이라도 행동으로 옮길 수 없으면 아무 소용이 없다며 그의 모순된 이야기를 꾸짖었어요.

비슷한말

자가당착 自家撞着
스스로 부딪치기도 하고 붙기도 함. 같은 사람의 말이나 행동이 앞뒤가 서로 맞지 않고 모순됨.

이율배반 二律背反
서로 모순되어 양립할 수 없는 두 개의 명제.

생각해 보자!

창과 방패처럼 모순된 것으로 또 무엇이 있을까요?

 쥐는 고양이의 대표적인 먹잇감이지요. 요즘 집고양이는 쥐가 없으니 못 잡지만, 길고양이들은 종종 쥐를 잡는다고 해요. 속담 '고양이 앞에 쥐'는 무서운 사람 앞에서 설설 기면서 꼼짝 못한다는 말이에요.

살신성인

殺身成仁
죽일 **살** 몸 **신** 이룰 **성** 어질 **인**

자신의 몸을 희생해서 옳은 일을 한다

다른 사람을 위해 내 것을 포기하고 나를 희생하는 것은 말처럼 쉬운 일이 아니지요. 남을 위해 스스로를 희생하는 숭고한 행동을 살신성인이라고 해요.

국어 2학년 1학기(나) 9단원 생각을 생생하게 나타내요 – 선생님, 바보 의사 선생님

목숨보다 중요한 것

"어진 사람은 살기 위하여 인(仁)을 해치는 일이 없고, 오히려 자신의 목숨을 바쳐 인을 행할 뿐이다."

《논어》에 실린 공자의 말이에요. '인'은 공자가 가장 중요시했던 것으로 다른 사람에 대한 자비와 인간애, 동정심을 뜻해요. 즉 다른 사람을 위하는 일과 자신의 목숨이 걸린 일이 있을 때, 어진 사람은 자신의 목숨보다 다른 사람을 더 위할 줄 안다는 말이지요. 살신성인은 목숨을 바치는 것뿐 아니라 자신의 고통을 감수하며 이웃에 봉사하고, 자신의 이익을 양보하여 남을 위하는 경우에 사용하는 말이에요.

장기려 박사의 희생

한국전쟁 때 장기려 박사는 가족을 북에 둔 채 남한으로 오게 되었어요. 그런데 남과 북이 나뉘어 가족을 만날 수 없게 되자, 그는 자신이 누군가를 도우면 북에서 가족을 돕는 사람이 있을 거라는 믿음으로 가난한 환자들을 돌보았어요. 천막을 치고 행려병자를 치료하기 시작한 그의 병원은 가난한 사람을 정성껏 치료해 주고, 치료비도 깎아 준다고 소문이 났지요. 그는 수술비가 없으면 자신의 돈으로 수술해 주고, 월급을 통째로 가난한 이에게 주는 등 살신성인의 정신으로 자신보다 타인을 먼저 섬겼어요.

비슷한말

사생취의 捨生取義
목숨을 버리고 의리를 좇음. 비록 목숨을 버릴지언정 옳은 일을 함을 일컫는 말.

생각해 보자!

여러분은 누구에게 도움을 주려고 노력한 적 있나요? 나보다 남을 위해 땀 흘렸을 때 얼마나 기쁜지 알 거예요.

 행려병자란 집이 없어 떠돌아다니다가 병이 들었으나 치료나 간호를 해 줄 이가 없는 사람이에요. 6·25전쟁으로 인해 집과 가족을 잃고 떠돌아다니는 병든 행려병자들이 많았답니다.

금상첨화

錦 上 添 花
비단 금 위 상 더할 첨 꽃 화

비단 위에 꽃을 더하다

고운 색깔 비단 위에 예쁜 꽃을 수놓으면 얼마나 예쁠까요? 이처럼 금상첨화는 좋은 것에 더 좋은 것을 더해 가장 뛰어난 것이 되었다는 뜻이에요.

| 교과서 | 국어 4학년 1학기(가) 5단원 내가 만든 이야기 – 혹부리 영감 |

비단 위의 꽃

"좋은 초대 받아 술잔을 거듭하니
아름다운 노래는 비단 위에 꽃을 더함이네.
문득 무릉의 술과 안주의 객이 되니
냇물 원류에는 미처 노을이 붉지 않네."

중국 북송 때의 시인 왕안석의 시의 일부분이에요. 이 시에 나오는 첨금상화(添錦上花. 비단 위에 꽃을 더함)에서 유래한 표현이 바로 금상첨화입니다.

도깨비와 슬기 다툼

도깨비가 한 농부를 매일 찾아와 고기 내놔라 밥 내놔라 했어요. 농부는 도깨비가 시키는 대로 다 하다가 너무 힘들어 도깨비를 쫓아낼 궁리를 했지요. 도깨비에게 세상에서 가장 무서운 게 뭔지 물었어요. 도깨비는 개의 피가 있으면 근처에도 못 갈 만큼 무섭다고 했지요. 도깨비도 농부에게 뭐가 무서운지 물었어요. 농부는 엽전이 가장 무섭다며 문 앞에 엽전이 쌓여 있으면 기절할 거라고 했어요. 농부는 도깨비가 오는 길목에 개의 피를 뿌려 도깨비가 올 수 없게 했어요. 이에 화가 난 도깨비가 농부의 집 앞에 엽전을 산더미만큼 쌓아 두고 가 버렸지요. 도깨비는 다시는 농부를 찾아오지 않았어요. 도깨비도 쫓아내고, 산더미 같은 돈도 얻고, 금상첨화지요.

반대말

설상가상 雪上加霜
눈 위에 서리가 내린다는 뜻으로, 어려운 일이 겹침.

생각해 보자!

여러분이 농부였다면 도깨비에게 무엇을 무서워한다고 말했을까요?

 비단은 여러 가지 색상의 견사로 짠 고귀하고 화려한 직물이에요. 가볍고 빛깔이 우아하며 촉감이 부드러워 예로부터 임금의 옷을 짓는 데 사용했고, 그 값이 금(金)값에 맞먹는다고 해서 글자도 금(錦)으로 쓰게 되었어요.

지피지기

知彼知己
알지 저피 알지 몸기

적을 알고 나를 알아야 한다

전쟁에서 이기려면 상대와 나에 대해 정확히 알고 있어야 이길 수 있다는 뜻이에요. 전쟁에서뿐 아니라 어떤 일을 해결하려면 그 일에 대한 정확한 정보와 나의 능력을 정확히 알 필요가 있지요.

| 교과서 | 도덕 3학년 우리가 만드는 도덕 수업 1 – 아기 돼지와 자전거와 달님 |

승리의 비결

"적을 알고 나를 알면 백 번 싸워도 위태하지 않다. 적을 모르고 나를 알면 한 번은 이기고 한 번은 진다. 적도 나도 알지 못하면 싸울 때마다 위태롭다."

《손자병법》에 실린 '적에게 이기는 방법'이에요. 최선의 승리는 백 번 싸워 백 번 이기는 것이 아니라 아군의 피해가 전혀 없이 싸우지 않고 승리하는 것이에요. 그러기 위해서는 적군과 아군의 약점과 강점을 잘 비교 분석한 후 전투에 임해야 하지요. 결국 승리의 비결은 지피지기라는 뜻이랍니다.

그림자를 뽐낸 늑대

늑대가 먹잇감을 찾다가 지는 태양 덕에 땅바닥에 길게 드리워진 자신의 그림자를 보았어요. 긴 다리에 날카롭고 뾰족한 이빨까지 자신이 멋져 보였지요. 실제보다 크고 길어 보이는 그림자를 보면서 기분 좋게 걷다 보니 어느새 사자의 동굴 앞까지 와 버렸어요. 당황한 늑대가 돌아서는데 문득 이런 생각이 들었어요. "사자도 나의 이 커다란 그림자를 보면 도망갈걸? 사실 내가 동물의 왕으로 더 어울려." 그때 사자가 나타나 늑대를 단숨에 넘어뜨려 버렸어요. 지피지기라 했거늘 사자를 과소평가하고 자신은 과대평가한 늑대는 결국 처참한 결말을 맞이했답니다.

같은 말

지피지기 백전불태 知彼知己 百戰不殆
상대를 알고 자신을 알면 백 번 싸워도 위태롭지 않다.

생각해 보자!

여러분은 자신에 대해 얼마나 알고 있나요? 그리고 어떤 일에 대해 지피지기하여 성공해 본 경험이 있나요?

 오나라의 전략가 손무가 지은 《손자병법》은 전쟁에서 이기기 위한 전술과 전쟁의 법칙뿐 아니라, 국가 경영에서의 전략도 담고 있어 오늘날까지도 최고의 전쟁 연구서 중 하나로 평가받고 있어요.

고사성어 따라 쓰기

이번 장에 나왔던 주요 고사성어의 의미를 떠올리며 한 글자씩 따라 써 보면서 의미를 되새겨 봅시다.

진	퇴	양	난

청	렴	결	백

전	화	위	복

안	하	무	인

결	초	보	은

파	죽	지	세

과	유	불	급

경	거	망	동

사	면	초	가

권	선	징	악

살	신	성	인

금	상	첨	화

지	피	지	기

도움받은 자료들

책

《고사성어 따라잡기》, 구인환, 신원문화사, 2002
《고사성어랑 일촌맺기》, 기획집단 MOIM, 서해문집, 2010
《공부왕이 즐겨찾는 고사성어 탐구백과》, 글터 반딧불, 국민출판사, 2016
《너무 지혜로워서 속이 뻥 뚫리는 저학년 탈무드》, 김정완, 키움, 2017
《내 인생을 바꾼 캔 리더십》, 정병대, 핸덤북스, 2013
《답사여행의 길잡이 3》, 한국문화유산답사회 편, 돌베개, 1994
《무경십서》, 신동준, 역사의아침, 2012
《물의 전설》, 천소영, 청해, 2000
《믿거나 말거나 속담 이야기》, 임덕연, 산하, 2014
《사기세가》, 사마천, 민음사, 2015
《선비의 아내》, 류정월, 역사의아침, 2014
《생방송 한국사 6·7·8》, 심선민, 아울북, 2017
《세계문학사 작은사전》, 김희보, 가람기획, 2002
《자유를 위한 한국인의 투쟁 : Korea's Fight for Freedom (영문판)》, F.A. 매켄지, BOOKK, 2019
《중국 역대 인명 사전》, 임종욱 편, 이회문화사, 2010
《처음 만나는 고사성어》, 표시정, 미래주니어, 2014
《처음 세계사 6》, 초등 역사 교사 모임, 주니어RHK, 2015
《춘향전》, 김경란, 휴이넘, 2011
《토끼전》, 김종년, 휴이넘, 2011
《한국고전용어사전》, 세종대왕기념사업회, 2001
《한국구전설화》, 임석재, 평민사, 1993
《한국사 가념사전》, 공미라 외 공저, 아울북, 2009
《한국사 사전 2·3》, 김한종 외 공저, 책과함께어린이, 2015
《한국사 스페셜》, 김아네스 외 공저, 신원문화사, 2009
《한국사 주요 사건으로 풀어낸 고사성어》, 이이화, 계림, 2013
《학습용어 개념사전》, 이영규 외 공저, 아울북, 2009
《흥부전》, 최문애 외 공저, 휴이넘, 2011

기사

"[노주석의 서울택리지 테마기행] (13) 산성(중)", 노주석, 〈서울신문〉, 2014년 09월 29일
"[신병주의 '왕으로 산다는 것'] (5) 성종이 최고 권력자인 장인(한명회)을 몰아낸 사연…화려했던 압구정(鴨鷗亭), 추락의 빌미로", 신병주, 〈매경이코노미〉, 2015년 04월 27일
"[인물탐구] 윤동주의 소울메이트 송몽규", 김혁, 〈동포투데이〉, 2015년 03월 10일
"38년만에 은혜 갚은 노부부의 손편지 '잔잔한 감동'", 박수혁, 〈한겨레〉, 2018년 01월 16일
"'50발 중 49발 명중' 정조 활쏘기 비법 자랑 친필 나왔다", 이기환, 〈경향신문〉, 2019년 02월 06일
"中 현대판 우공이산…17년걸려 산길 개척", 박종국, 〈연합뉴스〉, 2012년 03월 03일
"일제강점기 1930년대 경성의 백수 '룸펜'", 정희영, 〈매일경제〉, 2017년 07월 06일
"투병 누나 "뇌사 동생 장기기증"…4명의 생명 살렸다", 정현용, 〈서울신문〉, 2019년 05월 21일
"'해인사 폭격 거부' 찰나의 판단, 민족사 구했다", 전가희, 〈경남도민일보〉, 2018년 06월 22일

누리집

네이버 지식백과 http://terms.naver.com
두산백과 http://www.doopedia.co.kr
문화콘텐츠닷컴 http://www.culturecontent.kr
천재학습백과 https://koc.chunjae.co.kr
한국구비문학대계 https://gubi.aks.ac.kr
한국민속문화대백과사전 https://folkency.nfm.go.kr
한국민족문화대백과사전 https://encykorea.aks.ac.kr
한국콘텐츠진흥원 https://www.kocca.kr
한국학중앙연구원 https://www.aks.ac.kr
한국향토문화전자대전 http://www.grandculture.net

초등학생을 위한 개념 국어 고사성어

어휘력 쑥쑥! 국어 점수가 올라가는 탐구활동 교과서

1판 1쇄 펴낸 날 2020년 12월 10일

지은이 최지희
그 림 김도연
주 간 안정희
편 집 윤대호, 채선희, 이승미, 윤성하, 이상현
디자인 김수혜, 이가영, 김현주
마케팅 함정윤, 김희진

펴낸이 박윤태
펴낸곳 보누스
등 록 2001년 8월 17일 제313-2002-179호
주 소 서울시 마포구 동교로12안길 31 보누스 4층
전 화 02-333-3114
팩 스 02-3143-3254
이메일 viking@bonusbook.co.kr
블로그 http://blog.naver.com/vikingbook

ISBN 978-89-6494-470-7 73710

ⓒ 최지희, 2020

- 이 책은 저작권법에 의해 보호를 받는 저작물이므로 무단전재와 무단복제를 금합니다. 이 책에 수록된 내용의 전부 또는 일부를 재사용하려면 반드시 지은이와 보누스출판사 양측의 서면동의를 받아야 합니다.

바이킹은 보누스출판사의 어린이책 브랜드입니다.

- 책값은 뒤표지에 있습니다.
- 이 도서의 국립중앙도서관 출판예정도서목록(CIP)은 서지정보유통지원시스템 홈페이지(http://seoji.nl.go.kr)와 국가자료공동목록시스템(http://www.nl.go.kr/kolisnet)에서 이용하실 수 있습니다.(CIP제어번호: CIP2020047876)